1 MONTH OF
FREE
READING

at

www.ForgottenBooks.com

By purchasing this book you are eligible for one month membership to ForgottenBooks.com, giving you unlimited access to our entire collection of over 700,000 titles via our web site and mobile apps.

To claim your free month visit:

www.forgottenbooks.com/free455509

ISBN 978-0-483-71134-1
PIBN 10455509

Gerhard Groot

und seine Stiftungen.

Gerhard Groot

und seine Stiftungen.

Von

Karl Grube.

„O felix dies, in qua natus est nobis ille
magnus Gerardus."
(Wilhelm Vornken bei Acquoy III, 242.)

Köln, 1883.

Druck und Commissions-Verlag von J. P. Bachem.

14098

Vorrede.

·
———

Am 20. August 1884 werden es fünfhundert Jahre sein, daß Gerhard Groot
· diese Welt verlassen hat. Die nachfolgenden Zeilen sind geschrieben, um seine
Person und sein Wirken auch in weitern Kreisen bekannt zu machen. Sie sollen
eine Weihegabe zum fünfhundertjährigen Todestage des geistigen Ahnherrn unseres
Thomas von Kempen bilden.

Als ich vor zwei Jahren meine Arbeit über Johannes Busch veröffentlichte,
wurde mehrfach der Wunsch ausgesprochen, ich möchte eine „Geschichte der kirchlichen Reform in Deutschland während des 15. Jahrhunderts" ausarbeiten. So
anerkennend dies für mich ist, so muß ich doch gestehen, daß eine solche Geschichte
nicht so schnell geschrieben werden kann. Ich brauchte nur das handschriftliche
Material zu übersehen, welches in dieser Hinsicht aus den beiden Klöstern
Tegernsee und Indersdorf, die in Süddeutschland für die Reform so eifrig wirkten,
aufbewahrt ist, um sofort zu erkennen, daß eine vollständige, gründliche und gute
Geschichte der Reform im 15. Jahrhundert zu schreiben eine lange Reihe von Jahren
in Anspruch nehmen wird. Ob ich daher einen solchen Wunsch erfüllen kann, hängt
ganz davon ab, ob ich später einen dauernden Wirkungskreis erhalte, der mir für
solche Arbeit die Möglichkeit bietet. Vorläufig möge dieses Schriftchen zeigen, daß
ich auf dem gewählten Felde weiter gearbeitet habe; es würde mir eine große
Genugthuung gewähren, wenn dasselbe jenen frühern Wunsch ebenfalls wieder
hervorriefe.

In Betreff des Einleitungs-Paragraphen bemerke ich meinen Lesern, daß derselbe
nur die Schäden jener Zeit darlegen will; eine vollständige Schilderung damaliger
Zustände will er keineswegs bieten. Denn da Gerhard reformatorisch auftrat, so
galt es nur, darüber einige Anhaltspunkte zu geben, was zu reformiren war. Die
Lichtseiten in den Verhältnissen des 13. und 14. Jahrhunderts konnten nicht in Betracht
kommen. Ob das Gute oder das Schlechte überwog, darüber soll jener Paragraph
ebenfalls keinerlei Urtheil abgeben. Endlich will ich auch keineswegs behauptet

haben, daß die geschilderten Schäden überall in gleicher Weise, also allgemein sich zeigten. Dieselben sind von mir aus gedruckten und ungedruckten Quellen zu einem Bilde verwoben. Auf Citate für die einzelnen Daten habe ich verzichtet.

Im Leben Gerhard's selbst, welches nur nach den Quellen bearbeitet ist, habe ich jedoch genaue Citate gegeben, um auch diejenigen, welche mehr als Unterhaltung in meiner Schrift suchen, befriedigen zu können.

München, im Juni 1883.

Dr. K. Grube.

Inhalts-Verzeichniß.

1. Die Schäden der Zeit.

Seit der zweiten Hälfte des dreizehnten Jahrhunderts macht sich an den Einrichtungen und der äußern Organisation der Kirche ein Verfall und das allmälige Eindringen eines neuen Geistes geltend. War die Machtfülle des Primates bisher vielfach auf die irdische und weltliche Gewalt ausgedehnt, so schwand jetzt der päpstliche Einfluß immer mehr dahin und auf staatlicher Seite zeigte sich das Bestreben, auch in geistlichen Dingen zu herrschen.

In Deutschland traten um diese Zeit einerseits starke Säcularisationsgelüste, anderseits das kleinlichste Polizeiregiment der weltlichen Fürsten auch in geistlichen Dingen besonders hervor. Auf Grund der deutschen Anschauung, wonach Grundbesitz allein eine sociale Lebensstellung gewährte, waren die Bisthümer und Klöster mit reichlichem Länderbesitz ausgestattet; alle Bischöfe und auch manche Aebte waren in weiterer Entwickelung Landesherren und Reichsfürsten geworden. Um die bischöflichen Kirchen zunächst waren allmälig volkreiche Städte entstanden mit einer gewerblichen Bevölkerung ohne Grundbesitz. Dieser neue Stand gelangte bald zu großem Reichthum. Besonders in der „kaiserlosen, schrecklichen Zeit" hat ein großartiger Aufschwung der deutschen Städte sich vollzogen, welche naturgemäß auch eine politische Stellung sich zu erringen suchten. Damit beginnt zwischen Bischof und Stadt, Geistlichkeit und Bürgerthum ein energischer Kampf, welcher bald in offene gegenseitige Gewaltthätigkeiten ausartet. Diesen Gegnern der Geistlichkeit gesellten sich als neue Genossen die benachbarten weltlichen Fürsten zu, welche ihren Familienbesitz zu vermehren trachteten und dies am besten auf Kosten der geistlichen Herren bewerkstelligen zu können meinten. Schon jetzt regen sich die ersten derjenigen Bestrebungen, welche später in der sog. Reformation und völlig in der Säcularisation ihren Abschluß gefunden haben.

Die Folgen dieses Strebens waren für die kirchlichen Zustände keineswegs segensreich. Eine förmliche Säcularisation des Kirchengutes war noch unmöglich, die Idee derselben war bei den weltlichen Herrschern nicht bestimmt ausgeprägt. Aber man nahm für seine Zwecke, was man bekommen konnte. Bischöfliche Länder, reiche Propsteien und Abteien suchte man so viel als möglich an Söhne der Familie zu bringen. Wo die Wünsche nicht so hoch reichen konnten, begnügte man sich auch mit Domherrn=Stellen und deren Domainen. So betrachteten die deutschen Fürsten und Adeligen die Kirchengüter als bequeme Hülfsmittel, um ihre nachgeborenen Söhne, welche ohne Grundbesitz und sociale Lebensstellung hätten bleiben müssen, zu Reichthum und Ehren zu bringen. War es doch zu verlockend, wenn ein Fürst oder Graf seinen zweiten Sohn mit einem Bisthum oder einer Abtei präbendiren und so zum Reichsfürsten emporheben konnte. Wir wollen nicht leugnen, daß oftmals auch fromme adelige Söhne in kirchliche Besitzthümer kamen; im Allgemeinen aber darf man sagen, daß bei der Erstrebung eines höhern Kirchenamtes nicht dieses in erster Linie, sondern der demselben anhaftende Grundbesitz maß= gebend war. So sind viele höhere Geistliche ohne jeden klerikalen Sinn und Lebenswandel in ihr Amt eingetreten.

Um die genannte Zeit mehren sich daher die zwiespältigen Wahlen und die Kämpfe mit dem Schwerte, nicht um die bischöfliche Würde und die Diöcese, sondern um das Bisthum, d. h. das geistliche Fürstenthum. Wenn nun ein Candidat seinen Nebenbuhler mit Gewalt verdrängt hatte, so wurde er geistlicher Fürst der Stiftslande und damit auch zugleich Bischof der Diöcese. Wie nun, wenn die weltlichen Fürsten, über deren Territorium sich die Diöcese mit erstreckte, für den Nebenbuhler das Schwert gezogen, oder wenn sie sonst mit ihm in Fehde lebten? Sollten sie sich und ihre Länder dann wohl so bereitwillig der geistlichen Juris= diction des Nachbars untergeordnet haben? Damit war auch der Anlaß gegeben, ihre Landesprälaten von der bischöflichen Jurisdiction ziemlich unabhängig zu machen und sich selbst diese Gewalt anzumaßen. Selbst kleinliche Dinge, wie z. B. die Einführung des Ave=Läuten, ordnen die Landesfürsten für ihre Territorien selbständig an, natürlich mit Erlaub= niß des Papstes. Der Bischof wurde nicht mehr gehört. Er existirte vielfach für die Landesherren nur als gleichgestellter Herrscher und Nachbar.

Sollte das geistliche Fürstenthum von den Nachbarfürsten nicht immer mehr ausgesogen und geschwächt werden, so war es anderseits auch für die Domcapitel nothwendig, einen tüchtigen Regenten und Kriegsmann zu wählen. Was würde der frömmste Mann und heiligste Bischof für die weltliche Verwaltung des Bisthums genützt haben, wenn ihm jene Eigenschaften fehlten? So war in der That die kirchliche Hierarchie verweltlicht. Aus Bischöfen waren geweihte Fürsten, aus weltentsagenden Aebten gepanzerte Krieger geworden. Viele Bischöfe hatten längst das geiſtliche Kleid abgelegt und erſchienen meiſtens als „Landesherren" in Panzer und Harniſch.

Dieſe Zuſtände am Haupte der Diöceſen erzeugten Nachläſſigkeit und Lauigkeit bei den Gliedern. Gewiß läßt ſich nicht leugnen, daß chriſtlicher Glaube und chriſtliche Geſinnung unſer deutſches Volk tief durchdrungen hatten, aber vielfach erblickt man auch eine Verflachung; Gebet und Kirchenbeſuch werden oft äußere Formen. Ja, ſelbſt ein Theil des Klerus ſinkt von ſeiner idealen Höhe herab und handhabt ſein Amt nur noch „perfunctorie", d. h. handwerksmäßig [1]). Wegen des gewaltigen Umfanges mancher Diöceſen und der eben berührten Zuſtände entbehrte er der biſchöflichen Aufſicht und Leitung; es war für ihn theilweiſe, als ob kein Biſchof exiſtirte, und ſo hatten ſich manche Dinge eingeſchlichen, welche am Klerus nicht befunden werden ſollen.

In ganz beſonders übelem Zuſtande befanden ſich viele Canonicatsſtifte. Die Zahl derſelben, die der Kirchen und Kapellen, der Beneficien und Geiſtlichen in einzelnen deutſchen Städten klingt uns faſt unglaublich. Die Stifte waren allerdings aus einem ſehr richtigen Gedanken hervorgegangen. Der allerhöchſte Herr und Gott muß von der vernünftigen Menſchheit verehrt werden. Das Gebet der Erlöſten ſoll als tägliches Dankopfer zum Himmel emporſteigen. Darum betheiligten ſich im Anfange des Chriſtenthums die Gemeinden an den täglichen Pſalmengebeten in der Kirche. Als aber das Chriſtenthum allgemeine Verbreitung fand, war eine allgemeine Betheiligung unmöglich, und ſo treten denn Männer und Frauen, welche ſich zum h. Gottesdienſte berufen fühlten, zuſammen, bilden Canonicatsſtifte und führen ein gottgeweihtes Gebetsleben. Dieſe Gebetspflicht hatte das Mittelalter nicht vergeſſen; mit zunehmendem Reichthum hat es Kirchen und Stifte in Unzahl gegründet, wo Prieſter das reine und unbefleckte Opfer des Neuen Bundes darbrachten und das Lob des Allerhöchſten ſangen. Aber leider hat die Schwäche der menſchlichen Natur, welche nur auf das Irdiſche bedacht iſt, die Reinerhaltung dieſer hohen Idee unmöglich gemacht. Die Stadtbewohner, welche allmälig reich geworden waren, üppigen Handel und ergiebige Geſchäfte trieben, verſtanden vielfach den Zweck der Canonicatsſtifte nicht mehr. Wozu die vielen Meſſen, wozu das beſtändige Geſchrei in der Kirche? Man ſah die Canoniker und Ordensleute nur als Faullenzer an, welche keine andere Arbeit thun mochten und von dem Fette Anderer lebten. Hierzu gaben dieſelben allerdings oft ſelbſt hinreichenden Anlaß, denn ihnen war ſehr oft die Pfründe Hauptſache, Gottes Ehre und Gottes Lob bezweckten ſie nicht. Darum bieten viele Stifte im dreizehnten und vierzehnten Jahrhundert das Bild äußerſten Verfalles. Jeder klericale Sinn, jedes gottgeweihte Leben fehlt in

1*

ihnen. Viele Canoniker hatten nur die Tonsur, wodurch man schon zum Klerus gehörte und die Privilegien desselben genoß; andere celebrirten niemals, obgleich sie die Weihen hatten. Manche endlich hielten sich vom Chore und von allen Obliegenheiten für entbunden und genossen bloß die Pfründe. Das tägliche Chorgebet, so feierlich es klingt, wenn es würdig verrichtet wird, wurde ein wüstes Durcheinander und sah fast mehr einer Gottesentehrung als Gottesverehrung gleich. Gewiß befanden sich auch manche sehr würdige Männer in den Stiften, allein sie konnten dem allgemeinen Schlendrian nicht entgegentreten. Wenn dann die Hoch- achtung für die Canoniker und die Ehrfurcht gegen die gottesdienstlichen Handlungen schwanden, so wird uns dies nicht Wunder nehmen.

Der Klerus bildete im Mittelalter einen auch bürgerlich privilegirten Stand. Dies führte in den Städten alsbald zu einem feindseligen Ver- hältniß zwischen ihm und der Bürgerschaft. Wie der fast undurchsichtige Lettner die Klerisei in der Kirche vom Volke abtrennte, so entstand auch im öffentlichen Leben eine gleiche Abtrennung beider. Alle Stadt- magistrate trachteten danach, dem Klerus seine Rechte zu nehmen, nament- lich sein Besitzthum und seine Grundstücke steuerpflichtig zu machen. Wie vielfach begegnen uns die Verbote, daß der Klerus kein Grundeigenthum und keine Häuser mehr erwerben dürfe; wie oft die Verbote, dem Klerus keine Abgaben und Zehnten mehr zu entrichten? Es ist das allgemeine Bestreben, den Klerus in allen bürgerlichen Dingen mit den übrigen Einwohnern gleich zu stellen. Daß hierbei Eingriffe in entschieden kirch- liche Dinge mit unterliefen, wird wohl Niemand bezweifeln wollen. So z. B. bestimmte der Paderborner Magistrat noch im fünfzehnten Jahrhundert, daß bei Beerdigungen nur drei Messen stattfinden dürften, und verurtheilte jeden Bürger, welcher mehr spendete, zu einer empfindlichen Geldstrafe. Der Klerus seinerseits suchte seine Rechte als „Freiheit der Kirche" zu wahren. Steuerfreiheit, Gerichtsbarkeit und dergleichen dedu- cirte man als göttliche Rechte und stellte die Magistrate als Verletzer der Religion hin. Das schärfte den Kampf furchtbar. Konnte der Klerus mit Gewalt sich gegen die Gewaltthätigkeiten der Behörden nicht schützen, so griff er zur geistlichen Waffe — zu Bann und Interdict. Anfangs fruchteten solche Mittel, bald aber nicht mehr. Die Magistrate fanden vielfach willige Werkzeuge an den Mendicanten, welche bischöfliche Interdicte nicht beachten zu müssen glaubten. Auch fungirten des öftern Landpfarrer aus der Umgebung auf Wunsch des Magistrats in der Stadt. Die Temporalien und die bürgerlichen Rechte bilden so vielfach den Zankapfel zwischen Klerus und Städten. Hatte ersterer das formelle Recht entschieden auf seiner Seite, so darf man nicht übersehen, daß die Identificirung seiner Privilegien mit den göttlichen Rechten der Kirche ein verfehltes Unternehmen war. Dadurch kamen sogar bessere Menschen mit dem Klerus und der Kirche in eine feste, dauernde Opposition. Welche üble Folgen hieraus oft erwuchsen, möge nur ein Beispiel zeigen, welches allerdings über unsere Zeit schon hinausfällt. In Augsburg war mehrern Leuten nach ihrer Angabe die Absolution verweigert worden, weil „sy nit zehent geben als von obs Im garten und angern und von vischen und ander klein zehent". Der Rath ließ nun alles Zehentgeben an den Klerus verbieten und besahl, daß Alle, welche in der Beichte darüber belästigt würden, dies sofort zur Anzeige bringen sollten.

Dies sind einige der Schäden unter dem Weltklerus. Eine Reform war vielfach nothwendig. Diese mußte aber hauptsächlich in zeitgemäßer Organisation und Umgestaltung der Verhältnisse bestehen, sollte nicht die Wurzel des Uebels zurückbleiben und bald wieder neues Unkraut wuchern lassen.

Gehen wir nun zu den Klöstern und dem Ordensklerus. Ein allgemeines Urtheil kann man auch über diese nicht fällen. Das Ordensleben der katholischen Kirche beruht auf den drei evangelischen Räthen, oder besser gesagt, auf der Nachfolge Christi. Jesus Christus, wahrer Gott, und als solcher keinem Menschen Gehorsam schuldend, verleugnet sich selbst und wird Menschen, Joseph und Maria, freiwillig unterthan. Er, der Schöpfer Himmels und der Erde, entäußert sich allen irdischen Besitzthums und ist freiwillig arm. Der Gottmensch lebte in steter Keuschheit. Etwas anderes von ihm nur zu denken, wäre ja blasphemisch. Diese drei Vollkommenheiten, wie Jesus sie selbst heißt und anräth, sind seit der Apostel Zeiten in der christlichen Kirche von denjenigen, welche dazu in sich die sittliche Kraft fühlten, geübt worden. Es ist allgemeines Bewußtsein der Kirche geworden, daß in ihr stets Mitglieder sein müssen, welche diesen höchsten Gipfel christlicher Nachfolge erklommen haben. In folgerichtiger Entwickelung entstanden darum Klöster, in deren Mauern die Christus nachahmenden Männer oder Frauen Schutz vor den Gefahren der Welt und Stütze ihrer Vorsätze fanden. Aber vor dieser erhabenen Idee des Klosterlebens trat zuletzt der praktische Nutzen, welchen die Klöster für das sociale Wohl und die geistige Bildung gebracht hatten, in den Vordergrund. Der Nutzen wurde meist Zweck und Ursache neuer Gründungen; dieser brachte Klöstern Ehre, Ansehen und Reichthum; so traten die Novizen nicht mehr in jener edeln Absicht allein in Orden ein. Damit beginnt die „Verweltlichung" der Klöster. Die Benedictiner-Abteien hatten eine doppelte Entwickelung genommen. Ein Theil diente dem Adel, ein anderer dem Bürgerthum als Versorgungshäuser. Es war bei letztern sogar Sitte geworden, daß Eltern, welche ihre Kinder in Klöster gaben, sich auch zum Unterhalte derselben verpflichteten und

ihnen alljährlich Revenüen auszahlten. Dadurch wurde der Grund-
charakter der Klöster aufgehoben; sie blieben dies nur noch dem Namen
nach. Der gemeinschaftliche Tisch und jede Gütergemeinschaft fielen
bald fort. Kinder, welche körperlich contract, zum Heirathen unfähig,
geistig beschränkt und blödsinnig, oder sonst als Verschwender und schlechte
Wirthschafter für das bürgerliche Leben untauglich waren, wurden in
die Klöster verbannt. So wirkten die Klöster freilich für das sociale
Wohl segensreich. Die adeligen Benedictinerstifte dienten ebenfalls zur
Versorgung der sonst untauglichen Söhne, sei es daß körperliche Defecte,
sei es, daß geistige und moralische Mängel sie zu einer Last ihrer Familie
machten. Aus dieser praktischen Verwendung der Klöster, welche materiell
einer Säcularisation gleichkam, erklärt sich auch, warum eine Anzahl
Benedictinerstifte Deutschlands von Mitte des dreizehnten Jahrhunderts
auf wissenschaftlichem Gebiete wenig mehr leisten. Manche Klöster,
selbst St. Gallen, konnten nicht einmal mehr ihre Hausgeschichte fort-
setzen! Die sittlichen Zustände waren in jedem Kloster verschieden. Im
Allgemeinen stand es doch nach dieser Seite hin immer noch gut. Die
Reformatoren und auch unser Gerhard klagen in dieser Beziehung wenig
über die Klöster. Wenn sie dieselben verweltlicht und entartet heißen, so
geschieht dies vorzüglich deshalb, weil dieselben von ihrer Bestimmung abgewichen waren. Besser als mit den Benedictinern stand es mit den Cister-
ciensern. Diese hatten nämlich die alte strenge Lebensweise bewahrt und dadurch
solche Elemente, welche der bloßen Versorgung wegen in Klöster traten,
abgeschreckt. So z. B. enthielten sie sich vollständig vom Fleischgenusse;
nur wenige Klöster hatten die Erlaubniß zum einmaligen oder zwei-
maligen Genusse des Fleisches während der Woche. Hatte auch der
allgemeine Geist der Lauigkeit mit seinen erschlaffenden Wirkungen sie
nicht völlig verschont, so bargen im Allgemeinen ihre Klöster doch nur
solche Insassen, welche das Klosterleben aus Beruf erwählt hatten. Daher
war der sittliche und religiöse Zustand in ihnen im Allgemeinen gut.
Gerhard selbst nimmt keinen Anstand, viele Cistercienserklöster als Muster
zu empfehlen! Die Regular-Canoniker vom h. Augustin hatten in Deutschland eine weite Verbreitung gefunden. Viele Klöster dieses Ordens
waren der alten Regel treu geblieben und befanden sich in gutem Zustande. Ja, manche, namentlich holländische, entfalteten eine schöne Blüthe.
Viele Chorherrenstifte dagegen waren nur dem Namen nach regulirt.
Die norbertinische Reform der regulirten Chorherren, die Prämonstratenser, verhielten sich zu ihrem Stamm, wie die Cistercienser zu den
Benedictinern.

Manche Klöster dienten so sehr praktischen Versorgungszwecken, daß
sie auch nicht einmal mehr formell ihren Kloster-Charakter wahrten. Die

Gelübde wurden nicht mehr abgelegt; die Regel des Ordens und ihre Bestimmungen waren den Insassen völlig unbekannt. Niemand hatte bei seinem Eintritte daran gedacht, sich Gott durch Gelübde und Klosterregel zu weihen. Auch kam nicht die Einsicht, daß letzteres doch eigentlich der Zweck der Anstalt sei, in welcher man sich befinde. Man nahm den gegenwärtigen Zustand hin, ohne zu reflectiren; war ja derselbe für das Fortkommen auf dieser Erde nicht zu schlecht. Galt es einen Abt oder Propst für solche Anstalt zu wählen, so mußte man zunächst darauf sehen, einen Mann zu finden, welcher die Güter der Anstalt gut verwalten konnte; seine moralische Tüchtigkeit kam erst in zweiter Linie in Frage.

Die Mendicanten=Orden hatten schnell Eingang gefunden uud schöne Früchte gebracht. Wissenschaftliches Leben und Schaffen, verbunden mit einer recht intensiven und extensiven Seelsorge finden sich in ihren Klöstern. Die letztere bewahrte sie hauptsächlich vor Müßiggang und der Aufnahme geistlich und sittlich unfähiger Individuen. Aber auch sie hatten, wie alles Menschliche, eine schwache Seite, welche für sie manches Ungemach brachte. Weil auf Almosen angewiesen, so haschten sie auch nach Volksgunst, und weil sie von den Gaben der Gläubigen lebten, so besaßen sie nicht immer die nothwendige Unabhängigkeit, um gegen alle Fehler energisch einzuschreiten. Weil sie ferner mit dem gemeinen Manne stets verkehrten, eigneten sie sich auch vielfach die Derbheit desselben etwas gar zu sehr an. Die Mehrzahl derselben blieb jedoch sittlich gut und tüchtig. Gerade die Bettelorden haben uns die Bußprediger geliefert, welche bei heiligem Lebenswandel wunderbare Erfolge erzielten. Das Bedauernswerthe bei den Bettelorden war indeß ihr beständiger Streit mit dem Pfarrklerus; durch ihre apostolischen Privilegien gestützt, griffen sie in die Rechte desselben sehr ein und entzogen sich selbst der bischöflichen Jurisdiction. Ja, sie gingen sogar mit den Magistraten und der Bürgerschaft gegen die kirchliche Behörde.

Eine Ausnahme von der fast allgemeinen Verweltlichung machten die Karthäuser, welche sich die alte Ordensstrenge und das Streben nach christlicher Vollkommenheit bewahrt hatten. Bei ihnen gab es nichts zu beklagen und nichts zu verbessern.

Die Frauenklöster, um auch diese noch besonders zu erwähnen, theilten wohl manche Schäden der Mannsklöster, doch herrschte im Allgemeinen ein besserer Geist in ihnen. In sittlicher und intellectueller Beziehung war es in ihnen gut bestellt. Einzelne Ausnahmen können bei der Menge Klosterfrauen nichts dagegen beweisen. Indeß waren dieselben in manchen Stücken von der Ordensregel abgewichen. So konnten in den meisten Klöstern Sachsens nur Adelige und Bürgerstöchter gegen bestimmte

Summen Aufnahme finden. In andern führte jede Klosterfrau eigene Küche und eigenen Tisch; es war also das Gelübde der Armuth illusorisch. In andern endlich war jede Clausur aufgehoben. Vielfach befanden sich die Frauenklöster überschuldet und in Armuth; nur dadurch, daß die einzelne Novizin Vermögen mitbrachte oder eine jährliche Revenue empfing, war der materielle Fortbestand der Häuser gesichert.

Wie stand es denn nun mit dem Volke? Darüber wissen wir wenig oder gar nichts. Indeß können wir aus manchen Dingen abnehmen, daß religiöses Bewußtsein und Bedürfniß keineswegs erloschen waren. Die Menschen waren gläubig, wenn auch vielfach lau und schläfrig. Klagen über seltenen Empfang der Sacramente begegnen uns oft. Dagegen findet sich auch eine Glaubenskraft, welche Bewunderung erregt.

Aus den Bußcanonen und Synodalbeschlüssen darf man ebensowenig ein Sittenbild des Mittelalters entwerfen wollen, als man heute etwa aus verschiedenen Paragraphen des Reichsstrafgesetzbuches auf eine allgemeine Schlechtigkeit und Ruchlosigkeit in Deutschland schließen kann. Diese sowohl wie jene beweisen nur, daß Verbrechen vorgekommen sind; Verbrechen aber wird es geben, so lange die Welt steht.

Gegenüber den geschilderten Mißständen verhielten sich diejenigen, welche sie erkannten, folgendermaßen. Die Einen jammern, klagen und rufen nach Reform. Sonst aber verhalten sie sich unthätig. Die Zweiten schimpfen und poltern, klagen die Bischöfe an und wiegeln gegen sie auf. Diese zerstören nur und reißen nieder. Die Dritten endlich geben sich an ein gründliches Reformiren, ohne zu klagen und zu poltern. Zu dieser dritten Klasse gehört Gerhard Groot, dessen Wirken hier geschildert werden soll.

Eine jede Reform beruht auf Verbreitung der rechten Erkenntniß der Schäden und auf Erlaß der dieser Erkenntniß entspringenden Maßregeln. Bei einer kirchlichen Reform können letztere nur von der berufenen Auctorität ausgehen. Zu dieser hat Gerhard nicht gehört; demnach können wir einschneidende Maßregeln von ihm nicht erwarten. Daß dieses nicht seine Aufgabe war, hat Gerhard stets klar erkannt. Dagegen sucht er die rechte Erkenntniß von dem hohen Berufe des Klerus und des Ordensstandes überall hin zu verbreiten, sucht dem christlichen Volke den Weg des Heiles zu zeigen und den fruchtbringenden Samen wahrer Gottesfurcht in Aller Herzen auszustreuen.

Gerhard hat einen Theil seiner wahrhaft reformatorischen Gedanken in seinen Schriften, namentlich in seinen Briefen niedergelegt. Ausgeführt haben sie erst seine Schüler, da er selbst im besten Mannesalter von frühzeitigem Tode dahingerafft wurde. Um ihn daher richtig erkennen und würdigen zu können, ist es nothwendig, seine Schriften theilweise mitzutheilen und weiter zu analysiren, als dies ein Lebensbild eigentlich zuläßt. Ferner muß, wenn das Product nicht von den Factoren getrennt sein soll, auch die Wirksamkeit von Gerhard's Schülern in Kürze mit behandelt werden.

Gerhard's ganzes Wirken läßt sich zusammenfassen in das eine: „Erweckung der Nachfolge Christi" [2]).

Werfen wir noch einen kurzen Blick auf jenes Land, in welchem Gerhard zunächst persönlich wirkte. Das Bisthum Utrecht dehnte sich fast über das ganze heutige Holland aus, hatte demnach eine solche Flächengröße daß bei den damaligen Verkehrsmitteln ein persönliches Aufsichtsrecht und Eingreifen des Bischofs unmöglich war. Nur ein kleiner Theil des Bisthums war auch der weltlichen Macht des Bischofs unterthan und dieser wurde von den umliegenden Großen, namentlich von den Herzögen von Holland, derart geschmälert, daß seit 1331 die Bischöfe mit den weltlichen Angelegenheiten ihres Stiftes fast ausschließlich sich beschäftigen mußten. Daß dadurch die Diöcese Schaden litt, leuchtet ein. Erst Florentius von Wevelinghoven, welcher am 7. Nov. 1379 den Münsterschen Bischofsstuhl mit dem Utrechter vertauschte, erfreute sich wieder der Ruhe vor äußern Feinden des Stiftes und widmete sich fast ausschließlich den Angelegenheiten der Diöcese. An Gelehrsamkeit und Tugend stand er keinem seiner Vorgänger nach; ein solch' religiöser Sinn und Gebetseifer beseelte ihn, daß er von Manchen für überspannt und närrisch gehalten wurde. „Wie kann ich dadurch als Narr erscheinen," soll er einst geäußert haben, „daß ich viel bete, da ich ja auch viele Schafe habe?"

Unter diesem Bischof nun hat Gerhard Groot seine Wirksamkeit entfaltet.

2. Gerhard's Jugendzeit und Bekehrung.

Gerhard wurde im October 1340 zu Deventer geboren; seine Eltern waren reiche und angesehene Bürgersleute. [3]) Der Vater bekleidete sogar eine Zeit lang das Amt eines Bürgermeisters; in den Kämpfen mit dem Klerus aber um dessen Einnahmen und Rechte legte er sein Amt nieder und kaufte auch für eine bestimmte Geldsumme sich das Privilegium, nie mehr zu städtischen Diensten herangezogen zu werden [4]). Aus dieser Thatsache sehen wir, daß der Mann nicht bloß ein starkes Rechtsgefühl, sondern auch ein zartes Gewissen hatte. Wir dürfen demnach schließen, daß er die Erziehung seines Sohnes ebenfalls gewissenhaft nahm und im elterlichen Hause die feste Grundlage für Gerhard's spätern heiligen Lebenswandel gelegt worden ist.

Den erften wiffenfchaftlichen Unterricht erhielt Gerhard in der
Schule des Collegiat=Capitels feiner Vaterftadt und dann bezog er, dem
allgemeinen Brauche reicher Jünglinge folgend, die Univerfität Paris.
Der Vater ließ es an Geld nicht fehlen, tüchtige Anlagen und Ehrgeiz
befaß der Jüngling ebenfalls genug, und fo geftaltete fich das Studenten=
leben für ihn recht angenehm. Bereits mit 18 Jahren foll er Magifter
der freien Künfte geworden fein [5]).

Aus dem Verhalten feines Vaters in den Kämpfen mit dem Klerus
fehen wir, daß diefer entfchieden auf Seite der letztern ftand. Er war
ein Freund der Geiftlichkeit. Darum dürfte auch der Sinn und das
Streben der Eltern kein anderes gewefen fein, als den talentvollen Sohn
dem geiftlichen Stande zu widmen. Bereits frühzeitig erhielt derfelbe
verfchiedene Pfründen, unter andern auch zwei Canonicate in Aachen und
Utrecht [6]). Ein Beruf zum geiftlichen Stande war bei dem jungen
Canonicus aber wenig oder gar nicht zu verfpüren. „Er ging,“ wie
Thomas fagt, „die breiten Wege der Welt“, und zwar ziemlich lange.
Gerhard felbft hat uns gefagt, worin diefe „breiten Wege der Welt“
beftanden. „Sub omni ligno frondoso et in omni colle sublimi
fornicatus sum,“ fchreibt er fpäter an einen Freund [7]).

Gerhard blieb nach feiner Promotion noch eine Zeit lang in Paris,
dann begab er fich nach Prag und fpäter vielleicht auch nach Köln.
1366 treffen wir ihn am päpftlichen Hofe zu Avignon [8]); wahrfcheinlich
hoffte er als fogenannter curtisanus eine fchnelle Beförderung. So
hatte Gerhard die Welt gefehen und genoffen, aber er hatte auch einen
reichen Schatz des Wiffens. Zeitgenoffen behaupten fogar, er habe darin
keinem auf der ganzen Welt nachgeftanden [9]), eine Uebertreibung zwar,
welche uns aber doch feine außerordentlichen Kenntniffe verbürgt. Außer
der philofophifchen und theologifchen Bildung damaliger Zeit hatte er
Medicin, Aftronomie, Kirchenrecht, Magie und Sprachen ftudirt. Selbft
im Hebräifchen fcheint er Kenntniffe gehabt zu haben [10]).

Fünfzehn Jahre hatte Gerhard fo im Befitze feiner Pfründen ein
Weltleben geführt — ein intereffanter Beleg für unfere obige Darftellung
der Zuftände in den Collegiatftiften —, als ihm fein ehemaliger Schul=
freund, der berühmte Heinrich von Calcar, welcher damals Prior im
Karthäuferklofter zu Munnikhuizen. bei Arnheim war [11]), in's Gewiffen
redete. Diefes gefchah nicht zufällig, fondern Calcar hatte es längere
Zeit fchon bei fich befchloffen und nur eine günftige Gelegenheit abgewartet.
Sei es nun, daß Gerhard wirklich bereits mehrere Male in faft wunder=
barer Weife an feine Bekehrung gemahnt worden und dadurch der Ermahnung
zugänglich war [12]), fei es, daß derartige Erzählungen nur fromme Sagen
find, jedenfalls war er von Natur aus zu fehr beanlagt, und von den

Eltern zu chriſtlich erzogen, um nicht erkennen zu müſſen, daß ſein Verhalten mit dem Beſitze mehrerer Pfründen unvereinbar ſei, ſobald nur
Jemand ihn ernſtlich belehrte. Dies that alſo Calcar; er ging nach
Utrecht, ſuchte ſeinen ehemaligen Freund dort auf und brachte ihn zur
gründlichen Erkenntniß. Das erſte, was Gerhard that, war, daß er auf
alle ſeine Pfründen verzichtete und nur das Utrechter Canonicat beibehielt.
Dieſe Bekehrung geſchah gegen 1374 [13]).

Gerhard's Bekehrung wurde eine gründliche. Bald reſignirt er auch
auf ſein Utrechter Canonicat, verſchenkt den größten Theil ſeines väterlichen
Vermögens [14]) und behält nur ſo viel für ſich, als ihm zum mäßigen
Lebensunterhalte nothwendig war. Jetzt legt er auch ein geiſtliches
Gewand an, zieht ſich von allen Menſchen und allen Freunden zurück [15]).
Seine Bekannten meinen, er ſei vor lauter Studiren verrückt geworden [16]).
Indeß blieb Gerhard ſo umgewandelt, und daraus, daß er niemals einen
Schatten von Ueberſpanntheit und Uebertriebenheit gezeigt, iſt erſichtlich,
daß ſeine Aenderung nicht durch krankhafte körperliche, oder geiſtige Zuſtände, ſondern rein aus Erkenntniß, mit voller, freier Hingebung
erfolgt iſt. Seine Schüler und Verehrer vergleichen ihn gern mit Paulus;
und in der That hat Gerhard ſelbſt ſich dieſen heiligen Glaubenshelden
und Weltapoſtel zum Vorbild genommen. In ſeinen Schriften iſt Gerhard bewandert und redet oft in pauliniſchen Worten. Selbſt die Handarbeit des Apoſtels ahmt er nach. Ein anderer Heiliger, welchem der
Bekehrte nachzueifern trachtete, war Auguſtinus. In verzehrender Liebe
zu Chriſtus und dem Heile der unſterblichen Seelen hat er ſich beiden
würdig angereiht.

Vorläufig blieb Gerhard in Deventer. Nach Hirſche ſoll er jetzt
ſchon in Begleitung des Rectors der Zwoller Stadtſchule, Johannes Cele,
mehrere Male den berühmten Prior des Auzuſtiner = Chorherrenſtiftes
Grönentahl, Johannes Ruysbroeck, beſucht haben. Ich glaube jedoch, daß
die Bekanntſchaft mit Ruysbroeck erſt nach Gerhard's Auftreten als
Prediger beginnt [17]). In Zukunft iſt er mit ihm in Freundſchaft verbunden. Namentlich begegneten ſich die Beſtrebungen beider Männer
auf dem Gebiete der ascetiſchen Literatur, wofür weiter unten noch einige
Belege beigebracht werden. Die praktiſch = myſtiſche Methode, welche
Gerhard und ſeine Schule nachher befolgen, hat er von Ruysbroeck
erlernt und angenommen.

Nach einem zweijährigen Aufenthalte in Deventer zog Gerhard ſich
als Gaſt in das Karthäuſerkloſter bei Arnheim zurück, unterwarf ſich
jedoch allen Beſtimmungen der Kloſterregel. Er verzichtete mit den
Mönchen auch auf den Genuß des Fleiſches. Seine Beſchäftigung war
Gebet und Studium. Dann nach Verlauf von drei Jahren verließ

er das Kloster, um sich dem Predigtamte zu widmen. Er hatte also in Munnikhuizen eine dreijährige Seminarzeit durchgemacht, welche auch damals vor Empfang der höhern Weihen üblich gewesen zu sein scheint. Wegen Mangel an hierfür bestimmten Anstalten wurde diese Vorbereitungszeit oft in Klöstern verbracht. Dann ließ sich Gerhard das Subdiakonat ertheilen. Die Priesterweihe hat er aus Ehrfurcht vor derselben niemals empfangen.

3. Der Missionsprediger.

Neben der regelmäßigen Pfarrpredigt finden wir im Mittelalter auch die Missionspredigt, welche vom apostolischen Stuhle zuerst den Dominicanern, später auch den andern Mendicantenorden übertragen wurde. Auf Grund der apostolischen Vollmacht ließen die Bischöfe die Prediger dann für ihre Sprengel zu, woselbst sie ganz nach freiem Ermessen öffentlich predigen und das Volk zur Anwohnung einladen konnten. Hierdurch haben die Mendicanten segensreich gewirkt. Wir brauchen nur an die Namen eines Berthold von Regensburg und David von Augsburg zu erinnern.

Verschiedene Bischöfe Deutschlands haben auch Weltpriester, wenngleich nur selten, mit der Predigtvollmacht nach Art der Dominicaner ausgestattet. Der hl. Norbert vor seinem Auftreten als Ordensstifter und der bekannte Conrad von Marburg waren Missionsprediger aus dem Weltpriesterstande. Unser Gerhard reiht sich ihnen als Genosse an.

Derselbe erhielt um 1380 vom Bischof Florentius zu Utrecht [18]) „urkundlich die Vollmacht, in dem gesammten Gebiete der Diöcese das Wort Gottes und die gesunde Lehre der Kirche öffentlich zu predigen, so daß in den Städten, Märkten und Dörfern derselben kein Pfarrer oder eine andere Person, wessen Standes sie auch sei, ihn von der Predigt des göttlichen Wortes jemals zu entfernen, nicht zuzulassen, oder auf irgend eine Weise darin zu hindern sich erkühnen durfte" [19]). Aus diesem Berichte Busch's, der offenbar dem bischöflichen Decrete entlehnt ist, sehen wir, daß Gerhard Groot in Bezug auf die Predigt ganz dieselbe Vollmacht hatte, wie die Bettelmönche. Jeder Pfarrer mußte ihn in seiner Kirche zulassen und durfte ihm in keiner Weise hinderlich sein. Gerhard hat nun drei Jahre mit größtem Eifer sich der Missionspredigt gewidmet. Busch nennt namentlich Deventer, Zwolle, Kampen, Amersfoort, Amsterdam, Harlem, Gouda, Leyden, Delft und Zütphen als diejenigen Städte, wo derselbe vorzüglich wirkte. Ein Blick auf die Karte zeigt uns also, daß Gerhard demnach besonders in der südlichen Hälfte des heutigen

Königreichs der Niederlande aufgetreten ist. Besonders häufig predigte er in Deventer und Zwolle [20]). Die erstere Stadt war ja sein gewöhnlicher Wohnort.

Der Zudrang zu seiner Predigt muß ein außergewöhnlich großer gewesen sein. Busch meldet darüber: „Alles Volk strömte in möglichst großer Zahl zum Anhören seiner Predigten oft zusammen, so daß die Leute in den Kirchen oder auch auf den Friedhöfen kaum genügenden Platz fanden; denn von Eifer für die Bekehrung Aller entflammt, hielt er an einem Tage öfters mehrere Predigten an dasselbe Volk, die er oft über eine oder zwei Stunden hinaus ausgedehnt haben soll" [21]). Thomas von Kempen aber sagt: „Ein so großer Eifer zur Anhörung des Wortes Gottes beseelte das Volk, daß die Kirche die zusammenkommende Schaar kaum faßte. Denn viele ließen das Mittagsmahl im Stiche, schoben nothwendige Geschäfte auf und strömten zu seinen Predigten" [22]). Und an einer andern Stelle berichtet uns derselbe Gewährsmann: „Wenn er auch nach dem Mittagsessen zu predigen beschlossen hatte, so blieb er selbst nüchtern in der Kirche im Gebete zurück oder ging betrachtend um den Kirchhof und erwartete die Rückkehr des Volkes. Deswegen wollten einige, voll Begierde nach seiner heiligen Rede, nicht länger einkehren, sondern blieben in der Kirche oder auf dem Gottesacker sitzen und nahmen die günstigsten Plätze um die Kanzel herum zuvor ein" [23]). Ueber Gerhard's Vortragsweise aber sagt derselbe Thomas: „Der berühmte Prediger pflegte zuweilen seine Blicke über die Anwesenden schweifen zu lassen, und dann je nach der Beschaffenheit seines Publicums und dem Nutzen für dasselbe seine Rede im hohen Tone zu halten oder lang auszudehnen" [24]). Gerhard sprach also vollständig frei.

Der wesentliche Inhalt von Gerhard's Missionspredigten war dieser: Christus, unser Herr, ist für uns gestorben und hat uns von der Sünde erlöst. Wir Christen müssen darum der Sünde absterben und uns von ihr losmachen. Wir müssen Christus ähnlich werden, er muß in uns Gestalt gewinnen. Daher empfahl Gerhard die beständige Betrachtung des Leidens Christi und seine Nachfolge. Daß dieses das gewöhnliche Thema seiner Predigten war, hat uns der Meister selbst angegeben: „Hinc est," so schreibt er an seinen Schüler, „quod semper paene ubique doceo, quod passio Domini nostri Jesu Christi semper et quasi frequenter in mente est habenda et retractanda et non solum hoc, ut sit ipsa per meditationem in nostro intellectu sed etiam et magis, ut per poenarum, opprobriorum et laborum imitationem sit per desiderium in effectu; ut et inde surgat per configurationem Christi in opere et effectu. Nam propter desiderium et affectum, qui, dum opportunitatem invenerit, cupit cum

Christo crucifigi, pati et reprobari, meditatio finaliter et principaliter ordinatur et modicum valet sola meditatio passionis, si non desiderium vehemens Christum imitandi comitatur[25]). Alle Predigten Gerhard's über die Laster gingen von diesem Gesichtspunkte aus und führten zu ihm zurück. Ganz besonders zog er gegen die Unkeuschheit, Habsucht und Ungerechtigkeit, die drei Hauptfehler aller Zeiten, welche damals vielfach besonders hervortraten, zu Felde. Es galt ihm dabei kein Ansehen der Person[26]). Auch hochstehende Männer waren ihm, falls sie sündigten „animarum suarum inimici capitales, aeternis incendiis concremandi"[27]). Gerhard hat darum auch in seinen Predigten des öftern die Verdammniß und ihre Qualen behandelt. Daß er aber nicht mit polternden Worten und Schimpfreden gegen die Sünde eiferte, nicht in roh sinnlicher Weise die Höllenqualen schilderte, dafür bürgt uns sein Hauptstreben: die Menschen zur Nachfolge Christi anzuleiten. Von diesem Gesichtspunkte aus müssen wir auch die Angabe des Thomas von Kempen aufnehmen, daß Gerhard ein Bußprediger gewesen und die Menschen durch die Schrecken der höllischen Strafen von der Sünde abgebracht habe[28]).

Getreu seinem Grundsatze, daß die bloße Betrachtung des Leidens Christi ohne Umwandelung des Lebens nichts nütze, ging Gerhard in seinen Predigten von fruchtlosen Speculationen, wie sie in mittelalterlichen Predigten uns vielfach begegnen, ganz ab. Gerhard ist bereits ein moderner Prediger. Er redet nicht die Sprache der Schule, sondern die des Herzens; ein wahrhaft warmer, wohlthuender Ton, der aus einem von Liebe zu Gott und dem Seelenheile der Menschen erfüllten Herzen entsprang, begegnet uns in allen seinen Predigten und Ermahnungsbriefen[29]). Davon schreibt sich gewiß auch nicht zum geringsten Theile der wahrhaft großartige Erfolg her, den er erzielt hat.

Groot hat das religiöse Leben in den Niederlanden und man darf sagen in ganz Norddeutschland durch sein Auftreten wesentlich gehoben. Allerdings sah er nur den kleinsten Theil seiner Frucht; erst nach seinem Tode kam die Saat zur völligen Reife. Der Prior Johannes Voß aus Windesheim, welcher Gerhard und sein Wirken noch mit eigenen Augen gesehen hat, sagt von ihm Folgendes. „Den meisten aus euch," so redete er die versammelten Mönche kurz vor seinem Tode an, „ist es bekannt, wie jener ausgezeichnete Wirker wahrer Heiligkeit und herrliche Säemann des göttlichen Wortes, Meister Gerhard Groot, der damals fast Keinem in irgend einer Wissenschaft nachstand, von Gott erleuchtet, wie ein berühmter Herold Gottes diese unsere Gegend fast ganz durchzog, und die gesammte Einwohnerschaft durch sein heiliges Beispiel und seine gesunde Lehre gar kräftig bewegte und die Herzen der meisten Gläubigen zur

wahren Buße über ihre Sünden, zur Verachtung der Welt, zum Vor=
satze der Lebensbesserung, zum Eintritte in einen Orden und zum Ver=
langen nach dem himmlischen Vaterlande heiß entzündet, so daß in den
meisten Städten, Märkten und Dörfern eine nicht geringe Menschen=
menge beiderlei Geschlechts seinen Fußstapfen und Lehren zu folgen
wünschte, Gott ihrem Schöpfer, in gemeinsamem Leben, einfachem Ge=
horsam, keuscher Enthaltsamkeit und den übrigen Tugenden fromm zu
dienen das höchste Verlangen hatte und es in der That auch vollführte"[30]).
Busch beginnt seine Windesheimer Chronik mit den für Gerhard so rühm=
lichen Worten: „Die göttliche Vorsehung sah die alternde und schon zur
Hölle fahrende Welt mit dem Auge der Barmherzigkeit und Milde an
und würdigte sich, fast am äußersten Ende der Erde ein großes Himmels=
licht zur Erleuchtung der Seelen anzuzünden und Christus dem Herrn
eine Leuchte zu bereiten, welche die umnachteten, auf dem Pfade der
bösen Gewohnheit ganz verhärteten und in ihren vielen Sünden ganz
erstarrten Herzen mit dem Lichte des heiligen Glaubens innerlich erleuch=
tete und mit ·der Liebesgluth des göttlichen Wortes heftig entzündete,
nämlich den ehrwürdigen Mann, Meister Gerhard Magnus, zu deutsch
Groot genannt." Und weiterhin sagt derselbe Gewährsmann: „Er brachte
durch seine glühende Rede, durch sein heiliges und gutes Leben den
ganzen Klerus und das ganze Volk, Reiche und Arme, Greise und Jüng=
linge, Jungfrauen und Wittfrauen, Menschen beiderlei Geschlechtes, auch
verheirathete, in Bewegung und leitete sie an, Buße zu thun, die Welt zu
verachten, die Sünde zu hassen, nach einem bessern Lebenswandel Verlangen
zu haben, sich vor dem letzten Gerichte zu fürchten, vor den Qualen
des ewigen Höllenfeuers zu erschrecken, nach dem himmlischen Vaterlande
sich zu sehnen, die beseligende Anschauung Gottes und die immerwährende
Gesellschaft der heiligen Engel zu wünschen und durch das Leben sich zu
erwerben, und zwar that er dies durch Wort und Beispiel auf alle nur
mögliche Weise. Eine große Anzahl Priester, Männer und Frauen von
Stand in den verschiedensten Gegenden, durch seine Predigt im Herzen
erschüttert und ganz und gar zur Reue gestimmt, hatten das heißeste
Verlangen, die Welt zu verlassen, den Verkehr mit ihr zu fliehen und
Gott, ihrem Schöpfer, in wahrer Geduld, in Glauben, Hoffnung und
Liebe, sowie in Freude an dem Ewigen treu zu dienen"[31]). Aehnlich
sagt auch Thomas von Kempen: „Als der ehrwürdige Gerhard Groot
das Evangelium Christi im Gebiete der Utrechter Diöcese predigte, ver=
ließen viele Kleriker und Laien nach Anhörung des Wortes Gottes die
Eitelkeiten dieser Welt, wünschend, den Strafen des ewigen Feuers zu
entgehen und das himmlische Reich durch Buße und Trauer zu er=
langen"[32]).

Der zweite Nachfolger von Johannes Voß, der gleichfalls heiligmäßige Prior Wilhelm Vorcken, stellt Gerhard in gleiche Linie mit dem
h. Glaubensprediger Willibrord, nennt ihn „sehr klein freilich durch
seine Demuth und Selbstverachtung, aber seinem Namen gemäß groß
vor dem Herrn zum Heile der Auserwählten Gottes, da er die sich erhebenden Feinde mit dem Schwerte des Gotteswortes bekämpfte, so daß
er selbst mit seinen geliebten Söhnen das Erbe Israels in Besitz nahm".
„In Rücksicht auf das Seelenheil der Menschen," sagt er ferner, „hat er
in seiner Lebenszeit nicht Arbeit und Kosten gescheut, indem er umherzog
und überall predigte in Hunger und Durst, in Kälte und Blöße (2. Kor.
II, 27). Endlich nach vielen Kämpfen und nach Bekehrung vieler Menschen zu Christus ging dieser seligste Mann glücklich zum Herrn heim." [33])
    Mit diesen allgemeinen Nachrichten über Gerhard's Predigterfolge
müssen wir uns begnügen; Einzelheiten hat uns Niemand aufgezeichnet,
obgleich der Meister stets in Begleitung einiger Schüler, meistens des
Johannes Brinckerinck reiste. Dieser begleitete seinen Meister „wie
Lucas den Paulus" [34]), und heftete die Anschläge, welche die Predigt
bekannt gaben, an die Kirchenthüren [35]).
    Gerhard's Wort machte besonders auf die Männerwelt einen gewal-
tigen Eindruck. Busch hat uns in seiner Windesheimer Chronik die
Namen und Charakterzüge von mehrern Männern mitgetheilt, welche
durch Gerhard's Predigt angezogen oder belehrt wurden. Es sind dies
die Priester Johannes Scutten, Johannes Klingebiel, Werner Keynkamp
und vor allem Florentius Radewin, ferner die jungen Kleriker Johannes
Voß, Johannes von Kempen, der Bruder des Thomas, Heinrich Wilde,
Bertold ten Haue und Johann ten Waater; endlich auch bedeutende
Weltleute, wie Heinrich von Wilsen, Bürgermeister in Kampen, und
der Arzt Everhard von Eza. Die Bekehrung des Letztern erzählt
uns die noch ungedruckte Chronik des Klosters Nordhorn in folgender
Weise. „Zu jener Zeit lebte ein ehrwürdiger Mann, Magister und
Herr Eberhard von Eza, Seelsorger und Pastor der Kirche in Almeloe.
Siehe, dieser war von der Eitelkeit dieser Welt ehemals durch Meister
Gerhard seligen Andenkens auf eine wunderbare und göttliche Weise
bekehrt. Während nämlich genannter Gerhard gleichsam wie ein neuer
Apostel Deutschlands, durch seine Predigt und seinen Ruf sehr berühmt,
außerhalb der Stadt Deventer dem Volke das Wort des Lebens predigte,
beeilte sich Eberhard, von Wissen und Hochmuth aufgebläht, er war
nämlich Magister in den freien Künsten, Baccalaureus in der Medicin
und praktischer Arzt, seiner Predigt beizuwohnen, nicht so sehr aus
Liebe, als vielmehr aus Neugierde; er wollte ihn nämlich in der Rede
fangen. Da er nun hochtrabend und ehrgeizig war, so stellte er sich

nicht unter das Volk und die gemeinen Leute, sondern versteckt hinter
einen Pfeiler. Aber, wie es dem Augustin mit Ambrosius erging, so
wurde auch er in seiner eigenen List gefangen. Denn der allmächtige
Gott füllte den Köcher seines Predigers mit scharfen Pfeilen, mit denen
er das Herz jenes neugierigen Zuhörers durchbohrte und umwandelte, zu
einem neuen Leben ihn bekehrte und einen zweiten Augustinus oder Paulus
statt des Saulus uns gab. Nach der Predigt nämlich begab sich Eberhard zu
dem Gottesmanne und eröffnete ihm, welches Wunder der Herr mit ihm wäh=
rend der Predigt gewirkt habe. Denn er fühlte, wie alle Schlupfwinkel
seines Herzens durchforscht und durchsehen wurden, und wie der Prediger
mit Hintansetzung aller Uebrigen den Fleiß seiner ganzen Rede darauf
verlegte, ihn allein zu erschüttern. So wurde er vom Prediger aufge=
nommen und in Liebe bestärkt, schließlich als sein Mitarbeiter und Mit=
prediger nach Westfalen geschickt. Nach seiner Bekehrung reiste Magister
Gerhard der Große bald zum Herrn" [36]). Dieselbe fällt demnach in die
letzte Zeit der Wirksamkeit unseres Predigers und ist darum um so auf=
fallender, als Eberhard bis dahin ein arger Verfolger der Gerhard'schen
Sache und seiner Schüler gewesen war. Der Vergleich mit Paulus, in
welchen ihn der Chronist stellt, ist daher keine leere rhetorische Phrase.
Eberhard's Wirken wird uns später noch beschäftigen.

Auch Thomas von Kempen hat uns mehrere Priester und Kleriker
geschildert, welche Gerhard's Predigt anzog. Ich nenne Johannes
Gronde, Gerhard Caltar, Gisbert Dou und Wolfard Matthiä, welche
Priester waren, ferner die Kleriker Johann Brinckerinck, Johannes Witte=
kopp, und die beiden Reiner, endlich die Laien Gerhard und Johannes
Ummen. „Diese alle kannten Meister Gerhard, als er noch im Fleische
gegenwärtig war, und hörten ihn oft das Wort Gottes dem Volke ver=
künden" [37]). Außer den genannten Männern war Johannes Cele, Rector
der Zwoller Stadtschule, Gerhard's bester Freund und Gesinnungs=
genosse. Fragen wir nun nach den Ursachen, warum Gerhard's Auf=
treten einen solchen Erfolg hatte, so müssen wir antworten, daß diese in
Gerhard's Persönlichkeit selber lagen. Gerhard predigte, was er selbst
im Leben erfüllte; sein Wort war Ueberzeugung und überzeugte darum
auch Andere. Sein Herz glühte von Liebe zu Gott, und sein Wort ent=
flammte Andere zu gleicher Tugend. Er predigte Weltverachtung und
übte sie im Leben [38]). „Johannes Ummen," sagt Thomas von Kempen,
„ermahnte Alle, die zu ihm kamen, mit Verachtung der Begierde nach
dem Irdischen ein neues Leben in Christo zu beginnen, welches Meister
Gerhard durch sein heiliges Leben gelehrt" [39]).

Die Grundlage aller Tugenden, die Demuth, besaß Gerhard in
reichstem Maße. Er hielt sich für unwürdig, etwas zu sein. Daher

mied er die Oeffentlichkeit, lehnte alle Ehrenbezeugungen und Freund=
schaft der Weltleute freundlichst ab, kleidete sich in ein einfaches graues
Gewand, das selten neu, des Alters wegen oft abgetragen und geflickt
war. Er schämte sich nicht, obgleich von guter Herkunft, unter seinen
Freunden und Mitbürgern in schlechten Kleidern zu erscheinen[40]). Einst
fragte ihn ein Freund, warum er ein so altes und geflicktes Pelzkleid
trage, dessen der gewöhnliche Bauer sich schämen müßte. Gerhard
erwiderte: „Das thue ich zu meinem Vortheile, wäre der Pelz nicht
geflickt, dann würde Wind und Kälte eindringen"[41]). Selbst in Gegen=
wart von Fremden setzte sich Gerhard mit den Worten: „Ich bin nicht
würdig, mit euch auf der Bank am Tische zu sitzen, da ich mehr als
Alle gesündigt und Gott beleidigt habe," auf den Boden[42]). Seine
Nahrung war unbeschreiblich einfach, was schon allein daraus hervorgeht,
daß er sich dieselbe selbst bereitete, obgleich er doch, wie Thomas dazu
bemerkt, das Kochen nicht verstand. Verdorbene und verbrannte Speisen,
schimmliges Brod und dergleichen pflegte er geduldig und ruhig zu
essen[43]). Die Fasttage der Kirche hielt er strenger, als die Vorschrift
war. An allen Freitagen begnügte er sich mit Vegetabilien, oft nahm
er zu ihrer Bereitung nicht einmal Oel, sondern nur Salz[44]). Wenn
nun dieser Gerhard über Demuth, Genügsamkeit und Enthaltsamkeit pre=
digte, sollte da sein Wort, das wirkliche Ueberzeugung war, nicht gewirkt
haben?

Gerhard predigte viel gegen die Sünden, welche Gott im Dekalog
an sechster Stelle verboten hat. Aber bei ihm war jeder Verdacht und
Anlaß zu übeler Nachrede in dieser Beziehung unmöglich. Alles Volk
wußte es, daß Gerhard den Umgang mit Frauen vollständig mied. Er
duldete kein weibliches Wesen in seiner Umgebung; auch selbst die Schwestern,
welche in seinem Hause wohnten, durften ihn nicht bedienen; mußten sie
ihm etwas zum Lebensunterhalt auf dem Markte kaufen, so wurde es
durch eine Winde in sein Zimmer gereicht. Mußte er mit den Schwestern
reden, dann geschah es nur durch ein verschlossenes und verhängtes
Fenster. Diese Sorgfalt erschien einem Freunde doch zu groß. „Warum
verstopfst du das Fenster so sorgfältig?" fragte er. Gerhard antwortete:
„Wäre es möglich, dann wollte ich auch noch meine Ohren verstopfen,
damit ich ihre Stimme nicht hörte"[45]). Ein Mann dieser Art konnte
allerdings mit voller Wahrheit die Enthaltsamkeit predigen, und wir
werden uns nicht wundern, wenn sein Wort bei Priestern, Klerikern und
Laien ungewöhnliche Wirkungen hatte.

Das strenge Leben Gerhard's war nicht bloß äußerliches Formel=
werk, sondern entsprang aus seinem ganz Gott geweihten Innern. Bei
Gerhard finden wir die reichste Gottesliebe, die ihn und seinen Geist

immer mit Gott verbunden hielt. Daher weilte er auch gern dort, wo nach katholischem Glauben der menschgewordene Gottessohn in Brods= gestalt zu sein sich würdigt. Täglich wohnte er der heiligen Messe andächtig bei, und begab sich auch sonst fleißig zur Anbetung des Allerheiligsten in die Kirche. „Wenn er eingetreten war in die Kirche," sagt Thomas von ihm, „dann stellte er sich nicht hin, um die Glasfenster in der Höhe anzuschauen, sondern demüthig knieete er nieder vor dem Herrn, oder streckte sich im Gebete auf den Boden hin. Auch wollte er in der Kirche keine Unterhaltungen pflegen, sondern bloß den göttlichen Lobgesängen lauschen oder seine Horen beten; er vermied es, im Tempel irgend ein unnützes Wort zu sprechen. Um in seiner Andacht beim Ge= bete durch die Menschen nicht gestört zu werden oder den Umstehenden, was er Geheimnißvolles mit dem Herrn verhandele, nicht zu verrathen, hatte er eine stille und abgeschlossene Stelle bei den Minoriten sich er= beten, wo er allein und ungestört im Gebete hingestreckt lag und durch ein kleines Fenster das allerheiligste Altarssacrament auf mehrern Altären sah und anbetete. Dort bestürmte er mit Bitten und Seufzern den Himmel, schlug mit dem Zöllner in bitterstem Reueschmerz an sein Herz, bat Gott, ihm gnädig zu sein und seine vergangenen Sünden ihm zu verzeihen, von den gegenwärtigen Fehlern und Leidenschaften ihn zu reinigen und vor zukünftigen Gefahren in seiner gewohnten Gnadenver= leihung ihn zu beschützen" [46]. Auch im Hause verkehrte Gerhard viel mit Gott. Beim Beten seines Breviers wurde er oft von Andacht so entzückt, daß er dabei in heiliger Freude zu singen anfing. War er auf Reisen, so betete er mit seinen Begleitern gemeinsam; die Zeit, welche zwischen zwei Predigten an einem Tage lag, verbrachte er damit, daß er entweder im Gotteshause blieb, oder betend und betrachtend das= selbe umwandelte. Wenn er dann die Kanzel bestieg, dann tönte aus jedem seiner Worte den Zuhörern auch die Gottesliebe entgegen und ent= flammte die Herzen Aller, ebenfalls Gott über alles zu lieben.

Bei aller Strenge und Härte der Lebensweise, bei aller Eingezogen= heit und Schweigsamkeit war Gerhard aber keineswegs ein griesgrämiger, harter Mann. War es nothwendig, mit den Mitmenschen zu verkehren, dann war er liebenswürdig und entgegenkommend; denn er war als wahrhaft heiliger Mann auch voll Nächstenliebe. Bei aller Wucht, mit welcher er seine Donnerreden gegen das Laster hielt, sind dieselben daher niemals in Schimpfreden und rücksichtsloses Gepolter ausgeartet. Er beschwor die Menschen gern bei ihrer Seele und Seligkeit, sich nicht ewig unglücklich zu machen. Diese seine übernatürliche Nächstenliebe lag so klar vor Augen, daß sie Jedermann sogleich erkennen mußte. Gerhard war von Haus aus reich und hatte dazu noch einträgliche Pfründen gehabt. Letztere hatte er niedergelegt, sein Privatvermögen größtentheils verschenkt und das Wenige, was er noch besaß, gehörte auch noch vielfach den Armen. Er selbst verschaffte sich manches, was er für seinen Lebensunterhalt brauchte, mit seiner Hände Arbeit. Arbeiten mußten alle seine Genossen. Für das Predigen verlangte er kein Almosen und keinen Lohn. So konnte er mit dem Apostel sprechen: „Silber und Gold oder ein Kleid habe ich, wie ihr selbst wißt, von Niemand begehrt, da alles, was mir und meinen Begleitern nothwendig war, diese meine Hände verdient haben." Alle, welche Gerhard predigen sahen, mußten sich daher sagen, dieser ist aus Liebe zu unserem Seelenheile gekommen. So zog Gerhard alle an sich und riß sie mit sich fort zu Gott. Liest man die Schriften der Schüler Gerhard's, so wird man erbaut durch die zarte und innige Liebe, mit welcher sie von ihrem Meister sprechen.

Ein ganz besonderer Vorzug Gerhard's war seine allseitige wissenschaftliche Durchbildung, vermöge deren er jene Discretion und Rücksichtnahme hatte, welche für ein gedeihliches seelsorgerisches Wirken nothwendig sind. Je nach dem Bildungsgrade und dem Stande seiner Zuhörer richtete er seine Worte ein[47]); er überschaute, wie schon oben hervorgehoben ist, jedes Mal sein Auditorium, um den rechten Ton für seine Predigt zu wählen. Wie sehr er auf das Publicum Rücksicht nahm, mögen uns seine eigenen Worte zeigen. Ein Seelsorgspriester in der Nähe von Brüssel hatte mehrere Male seine Zuhörer in der Predigt getadelt, und zwar in solcher Weise, daß Jeder wußte, wen er meinte. Darüber entstand ein großer Lärm und der gute Pfarrer dachte daran, sich in ein Kloster zurückzuziehen. Er legte seine ganze Angelegenheit aber zuerst unserm Gerhard vor, ihn um Rath bittend. Der Meister schrieb ihm unter anderm: „Mir scheint es bei solchen Zurechtweisungen vernünftig, daß man die von den Heiligen überlieferte Form gebraucht. Das beabsichtige ich auch mit mir selbst zu thun, weil es mir scheint, mir werde eines Tages dasselbe wie Euch passiren. Die Leute sollen sich selbst die Worte der Heiligen auslegen, wie sie wollen." Und weiterhin sagt Gerhard: „Auf die gegenwärtigen schlechten Zustände sind die Worte der Schrift und der Heiligen zu beziehen, welche gleichsam im allgemeinen Sinne gesagt sind. In allgemein gehaltener Rede können die getadelt werden, welche eine Zurechtweisung im Einzelnen nicht ertragen. So hat Christus des öftern gethan, welcher die Gesinnungen der Menschen kannte ... Ich habe es mit eigenen Augen gesehen, daß gewisse fromme Leute irgend welche von mir in meiner Predigt gemachte allgemeine Aeußerungen bereitwillig aufnahmen, welche sie aber in einer Collation, obwohl ich sie ihnen ebenso allgemein sagte, nicht ertrugen, weil sie eben da individualisirt, weil an einzelne Personen gerichtet

waren, obgleich noch ebenso allgemein. Stets muß man die Frucht der
Zurechtweisung als Endziel der Arbeit im Auge haben, und jeder Tadel
muß, wie es dem beabsichtigten Zwecke entspricht, gemäßigt werden" [48]).
Gerhard wollte also nicht verletzen, sondern erbauen, nicht abstoßen,
sondern anziehen. Er hatte keinen blinden, sondern einen erleuchteten
Eifer; er war in der That ein „Mann Gottes" [49]).

Ganz besonders ließ sich Gerhard angelegen sein, den Klerus zu
einem seines Standes würdigen Lebenswandel zu erheben. In Privat=
gesprächen, in Conferenzen und selbst auf der Kanzel arbeitete er darauf
hin. Er belehrte sogar das Volk über sein Verhalten zu unwürdigen
Priestern, um damit eine gewisse Controle über dieselben anzustellen.
Wenn sie nicht aus dem Bewußtsein ihrer Würde, so sollten sie doch zum
wenigsten aus Rücksicht auf das Volk ein gutes Leben führen. Gerhard
hat in dieser Beziehung fast denselben Standpunkt, den Gregor VII. und
nach ihm vielfach eifrige Männer des Mittelalters einnahmen. Es ist
eine alte Aufzeichnung der fünf Punkte, welche Gerhard hierüber dem
Volke zu Utrecht predigte, in neuester Zeit wieder aufgefunden und ver=
öffentlicht worden [50]). Seiner eigenen Aufzeichnung zufolge hat Gerhard
mehrere Predigten hierüber gehalten, dieselben auch Andern zum Lesen
und Abschreiben gegeben [51]).

Gerhard wurde auch des öftern herangezogen, den Geistlichen Vor=
träge zu halten. Das Predigen vor Priestern und Klerikern im Mittel=
alter wird oft erwähnt; wir haben uns darunter in den meisten Fällen
nichts anderes als unsere jetzigen Exercitien=Vorträge zu denken. Solche
hatte also Gerhard mehrere Male zu halten. Busch erwähnt, daß der
Prediger bei solcher Gelegenheit auch eine Rede des h. Bernhard vor=
getragen habe. Eine längere Abhandlung Gerhard's, welche uns erhalten
ist, führt den Titel „Sermo de forcaristis, factus in domo capitulari
Traiectensi". Dieselbe ist eine spätere, weitere Ausführung einer wirklich
gehaltenen Rede. Gerhard's Biograph Rudolf Dier de Muden meldet
uns sodann von ihm: „Er predigte auch dem Utrechter Klerus auf einer
Generalsynode, und diese Rede war gegen die Concubinarier gerichtet [52]).
Vergleichen wir beide Angaben mit einander, so ergibt sich, daß Gerhard
im Capitelsaale des Domes zu Utrecht auf einer Generalsynode des Klerus
gegen das Concubinat redete [53]). Offenbar war ihm dies nur durch
besondern Auftrag möglich. Damit würde sich ergeben, daß der Bischof von
Utrecht zur Unterdrückung des Concubinates unter dem Klerus eine General=
synode hielt und unsern Gerhard mit den Ansprachen an denselben
beauftragte. Danach muß derselbe als Prediger in der That in großem
Ansehen gestanden haben. Diese Thätigkeit Gerhard's fällt in den Sommer
des Jahres 1383.

Die Vorbereitung auf seine Predigten machte Gerhard zwar schrift=
lich, redete dann aber frei. Eine solche schriftliche Vorbereitung ist auch die
oben erwähnte Aufzeichnung. Aus der Schlußbemerkung derselben: „dies habe
ich bewiesen in meinen Predigten, die ich in der Stadtkirche von Utrecht
gehalten und die ich geschrieben habe, und gebe sie zu sehen und ab=
zuschreiben allen denen, die es begehren," sehen wir, daß Gerhard seine
Predigten oftmals noch nachträglich schrieb. Geschriebene Predigten dieser
Art sind uns erhalten. Gerhard pflegte seine Aufzeichnungen und Skizzen
bei sich zu führen, um etwaigen Angriffen und Anfragen gegenüber sofort
Antwort und Auskunft geben zu können. Manchmal memorirte er auch
Predigten der Kirchenväter, wobei ihm sein gutes Gedächtniß besonders zu
statten kam.

Gerhard ließ keine Gelegenheit unbenutzt vorübergehen, wenn er das
Wort Gottes in Privatkreisen ausstreuen konnte. Ja, er war förmlich
erfinderisch in solchen Gelegenheiten. Obgleich er keine Einladung in ein
Privathaus annahm, „so lud er doch arme, gottesfürchtige Leute, zuweilen
auch einen oder zwei ehrsame Bürger zu seinem geringen Tische ein,
wegen der Anleitung zu einem bessern Leben, welche er reichlicher mit der
Süßigkeit himmlischer Rede, als mit wohlbereiteten Schüsseln, die er am
allerwenigsten herstellte, erquickte. Mochte er nämlich allein oder mit
einem Gaste essen, eine heilige Lesung ging voran, eine erbauliche Rede
floß aus seinem Honigmunde; sonst hielt er strenges Schweigen"[54]). Um
Gelegenheit zu haben, den jungen Schülern, welche ihm Bücher abschrieben,
öfters ein gutes Wort der Ermahnung sagen zu können, gab er ihnen
den Schreiberlohn nur ratenweise[55]). So zwang er sie, mehrere Male
zu ihm zu kommen und ihn anzuhören. Sein Busenfreund Johannes
Cele hielt, wahrscheinlich nach seiner Anleitung, alle Sonntage vor seinen
Schülern eine kurze Erklärung und Homilie über das Evangelium. Als auch
andere Leute zu diesen Vorträgen kamen, verbot sie der Stadtpfarrer.
Gerhard ist es gewesen, der nun eintrat und das Recht seines Freundes
vertheidigte[56]).

4. Der Ketzerhammer.

Mit Gerhard's Predigtamte war die Aufgabe verbunden, die Ketzer
zu belehren, ihnen entgegen zu treten und im Falle der Hartnäckigkeit
dem weltlichen Arme zur Bestrafung zu übergeben. Der Begriff Ketzer
und Ketzerei wurde jedoch damals in einem weitern Sinn genommen,
als dies gegenwärtig zu geschehen pflegt. Auch Verbrechen gegen die
Sittlichkeit und andere Dinge, welche auch noch heute die weltliche Be=

hörde als Verbrechen bestraft, fielen unter Ketzerei. Wir dürfen darum nicht erschrecken, wenn uns der liebevolle Gerhard jetzt als Ketzerverfolger entgegentritt. In den Lobsprüchen, welche der schon genannte Wilhelm von Salvarvilla unserm Meister spendet, wird sein Auftreten gegen die Häretiker als eine Haupttugend mit hervorgehoben [57]). Ja, er bekam sogar den Beinamen „Ketzerhammer" — malleus haereticorum.

Im ganzen Mittelalter finden wir die Secte der sogenannten Freigeister, welche bald hier, bald dort auftaucht. Im Wesentlichen bestand ihre Lehre darin, daß alle Sacramente und äußern Einrichtungen der Kirche leere und unnütze Formeln seien; die von Unkenntniß und Aberglauben Befangenen hätten solche Dinge nothwendig, die Klugen und daher geistig Freien aber nicht [58]). Bedenkt man nun, daß im Mittelalter der Glaube an die Einheit der Kirche alles durchdrungen hatte, daß die eine Kirche, als Heilsanstalt Jesu Christi alle bürgerlichen und socialen Verhältnisse gestaltet hatte und beeinflußte, so wird man nicht leugnen können, daß das Durchdringen einer solchen Lehre, wie die Freigeister sie verkündigten, auch eine Umgestaltung der genannten Verhältnisse mit sich führen mußte. Daher verfolgte man die Freigeister auch als Ruhestörer.

Gegen diese Freigeister ist nun auch Gerhard aufgetreten. Seine Biographen haben uns drei Sectirer mit Namen genannt, welche er in Schrift und Wort bekämpfte. Der erste, über welchen uns Peter Horn Mittheilung macht, war ein gewisser Matthäus. Dieser wirkte in Holland und besonders in der Stadt Gouda. „Seine Schüler beobachteten zwei- und zwanzig Artikel voll jeglicher Blasphemie über die Menschheit und Gottheit Christi, über die Sacramente der Kirche und das Fegfeuer. Unter anderm glaubten sie auch, daß Miewes selbst lauterere Erkenntniß der Wahrheit als die Apostel habe." Der Führer Matthäus scheint damals bereits gestorben zu sein, denn es wird uns nur ein Vorgehen gegen seine Leiche gemeldet. Der Bischof Florentius, an welchen sich Gerhard wandte, ließ Matthäus' Gebeine ausgraben, vor seinem Schlosse verbrennen und die Asche in alle Gräben der Stadt zerstreuen [59]). Der zweite Sectenführer, welcher besonders in der holländischen Stadt Kampen sein Unwesen trieb, war Gerbrand. Peter Horn nennt ihn „cyrurgicus" [60]). Wir werden uns also einen Barbier oder Bader unter ihm vorzustellen haben. Ueber seine Lehren im Einzelnen erfahren wir nichts Näheres.

Am meisten zu schaffen machte sich Gerhard indeß mit dem Augustiner=Eremiten Bartholomäus aus dem Kloster Dortrecht [61]), welcher Terminarier zu Kampen und Zwolle war, und mehrere Mal in einer Weise, welche nach Freigeisterei schmeckte, in der Stadt Zwolle predigte. Ja, er nannte die Freigeister sogar und lobte sie, verdammte, wie sie, die Buß=übungen [62]) und predigte hohe, unverständliche Dinge, welche er selbst nicht recht verdaut hatte. Ferner polemisirte er gegen das Einsiedlerleben der Karthäuser und anderer strenge Clausur habende Orden mit ganz banalen Phrasen. Christus, so meinte er unter anderm, sei nicht in der Wüste, sondern unter Menschen gewesen. Letzteres kam ihm von Herzen; er liebte ein freies, lockeres Leben, besuchte Gasthäuser, stand mit den Vornehmen auf gutem Fuße und ließ Alle, welche religiös gleichgültig dahin lebten, ungestört. Dies wurde Gerhard gemeldet. Sofort schrieb er dem Pfarrer Reyner in Zwolle [63]), theilte ihm die Dinge mit und ersuchte darum, dem Augustiner die Kanzel zu verbieten. Er bezieht sich darauf, daß dies in der Vollmacht der Pfarrer liege. „Wenn ihr ihn aber zulassen wollt, so macht mit ihm aus, daß er nach Art des Propheten dem Volke seine Sünden und Verbrechen und den Weg zum Himmel, nämlich Christus, predige, daß er ein Evangelium nach irgend einem Kirchenlehrer auslege und jene unfaßbaren und profanen Worte unterlasse. Die Augustiner in Dortrecht stehen in dem Rufe, daß Häretiker unter ihnen sind. So habe ich vor vielen Jahren in Utrecht und Holland gehört. Und ich möchte ihn gern im Geheimen und mit einem Notare hören, wenn er vor euch predigen wollte. Dann brauchtet ihr ihm kein Verbot zu geben, sondern mir bloß aufzutragen, daß ich im Geheimen käme. So fingen wir ihn denn mit List (furtive) in seinen Irrthümern und schlössen ihn von der Predigt aus, damit der Satan durch ihn nicht verherrlicht würde."

Dieser Schritt Gerhard's hatte wenig Erfolg. Bartholomäus predigte in genannter Weise öffentlich weiter [64]). Da verklagte ihn Gerhard bei der bischöflichen Curie in Utrecht. Der Generalvicar ließ ihn citiren und forderte von ihm Rechenschaft, welche der schlaue Augustiner in der Weise gab, daß er die Falschheit jener vorgeworfenen Lehren zwar zugab, aber behauptete, so habe er nicht gepredigt. Gerhard, über solche Charakter= losigkeit höchst entrüstet, wandte sich nun an den Bischof in mehrern Schreiben [65]). Acquoy hat uns einen dieser Briefe mitgetheilt, welchen auch Busch in seiner Erzählung ausgezogen hat. In diesem fordert Gerhard eine neue und ernstere Untersuchung. Zugleich schrieb er an den General= vicar, daß ein weiteres Wirken des Bartholomäus für die Diöcese äußerst gefährlich sei. Sollte man ihn nicht entfernen, so sei die Sache wichtig genug, um den apostolischen Stuhl selbst anzugehen. Der Bischof solle jenseits der Issel einen Commissarius ernennen, und dieser möge neue Beweismittel gegen Bartholomäus sammeln, damit der Glaube, von dem falschen Propheten besiegt, nicht daniederliege, und die An= maßung der Laien gegen den gleichsam unterdrückten Klerus nicht noch steige und die ganze kirchliche Ordnung nicht Schaden nehme [66]). Dieses Auftreten Gerhard's hatte Erfolg. Der Bischof leitete eine neue

Untersuchung ein und citirte Bartholomäus von neuem. Dieser aber ging schon vor dem festgesetzten Termin nach Utrecht in Begleitung mehrerer Rathsherren zu Kampen, welche es mit ihm hielten, um so nicht in Gerhard's Gegenwart sich vertheidigen zu müssen. Doch Heinrich Wilsen verrieth ihm dieses. Obgleich es bereits Abend war, als Gerhard die Nachricht in Deventer empfing, so brach er doch sofort nach Utrecht auf, welches er nach einer die ganze Nacht hindurch fortgesetzten Fahrt am nächsten Morgen erreichte. So mußte Bartholomäus ihm gegenüber stehen. Nach langer und genauer Verhandlung wurde er der Ketzerei überführt und, da er widerrief, das Bußzeichen ihm angeheftet.

Dieser Sieg brachte Gerhard indeß schlimme Früchte. Wie in der Einleitung hervorgehoben ist, standen Stadtmagistrat und Bettelmönche vielfach gegen Bischof und Weltklerus zusammen. Das zeigte sich auch hier wieder. Der Kampener Magistrat machte Bartholomäus' Sache sofort zu der seinigen, hielt die ihm angeblich angethane Schmach auch gegen sich gerichtet. Gegen Gerhard's Freunde wurde jetzt furchtbar gewüthet, die meisten aus der Stadt verwiesen. Unter diesen befand sich auch der Schulrector Werner Keynkamp, welcher auf zehn Jahre verbannt und öffentlich ausgestäubt wurde [67]). Die Frauen aber, welche über die Predigten des Bartholomäus Anzeige gemacht hatten, wurden gerichtlich belangt [68]).

Da die Berichte über die drei Ketzer, welche Gerhard bekämpfte, nur im Allgemeinen angeben, was sie lehrten, so erscheint es mir nicht unangemessen, hier auf den ausführlichen Bericht über die Lehre von Freigeistern hinzuweisen, welche in Augsburg auftraten [69]).

Vergleicht man mit ihm die kurzen Berichte des Peter Horn über Matthäus und Genossen, so leuchtet die Aehnlichkeit sofort ein. Gerhard hatte somit Recht, daß ein Eindringen dieser Lehre die ganze Ordnung der Kirche ruiniren würde. Zugleich aber sehen wir, daß schon damals Augustiner=Eremiten zu solchen Ansichten hinneigten, welche später die sogenannten Reformatoren zu den ihrigen machten.

5. Wissenschaftliche und literarische Thätigkeit.

Seit seiner Bekehrung und seinem Auftreten als Prediger hat Gerhard Groot seine wissenschaftliche Thätigkeit ausschließlich auf Gott und das Seelenheil der Menschen gelenkt. Kein Buch hat er erworben, keine Zeile gelesen, welche diesen Doppelzweck nicht gefördert hätten, oder demselben sogar feindlich gewesen wären.

Groot sammelte mit einem Bienenfleiße eine umfangreiche Bibliothek theologischer und ascetischer Schriften und nennt sich selbst in scherzhafter Weise einen Büchernarren. „Ich bin immer," so schreibt er seinem Freunde Ruhsbroeck, „nichtsnutzig, immer geschwätzig, immer habsüchtig und sehr gierig nach Büchern"[70]. In seinen Briefen an Wilhelm Broede gibt er uns einen Einblick in sein Büchersammeln. Eine interessante Stelle aus denselben möge daher folgen. „In Prag wird für mich Johannes Chrysostomus' Erklärung des Matthäus geschrieben ... Gerlach wird bald kommen und für mich schreiben. ... Ich danke euch im Herrn für die Glosse zum Seneca. Die Bücher, welche ich wünsche, sind irgend welche Schriften des Ambrosius, weil ich keine von ihm habe, Isidor über das höchste Gut, die vier Bücher des Damascenus, das Registrum Gregor's, die Briefe von Augustin und Hieronymus. Von Augustin wünsche ich folgende Bücher: Ueber den freien Willen, die Unsterblichkeit der Seele, über die Größe der Seele, über die zwei Seelen, über die Lüge, an Valerian gegen Faustus und über die Katechese der einfachen Leute, über die Priesterweihe, die Kindertaufe, die Einheit der Taufe, über den Buchstaben und den Geist, über die 83 Fragen, ferner Augustin's Commentar über das Johannes=Evangelium und dann seine vielen verschiedenen Bücher, welche er gegen die Irrlehren der Donatisten im Allgemeinen und gegen verschiedene Donatisten im Besondern und gegen verschiedene andere Secten, nämlich die Arianer, Pelagianer, Novatianer und Manichäer schrieb. Ich besitze jedoch schon Augustin's Schrift über die Genesis gegen die Manichäer. Laßt mir einige dieser Bücher schreiben, und ich meinerseits lasse für euch schreiben; legt Geld aus in meinem Namen, so viel ihr wollt. Ich gab dem Gerlach 28 Quaternionen zum Schreiben, womit er anfängt, sobald er euer Buch über die Fortschritte vollendet hat. Stachelt ihn an, daß er so schnell als möglich schreibt. Gerlach ist ein sehr nützlicher und fleißiger Schreiber"[71].

Ruhsbroeck gegenüber meint Gerhard, daß er seiner Bücherliebe bald ein Ziel setzen müsse, da ihm das Geld ausginge[72]. Wilhelm Broede, welcher die verschiedensten Bücher für ihn schreiben ließ, war in Stellvertretung Cele's, welcher sich in Prag weiter fortbildete, Schulrector in Zwolle, und seine Schreiber Kleriker der höhern Schulklassen oder solche, welche die Schule bereits absolvirt hatten. Dazu hatte Gerhard noch bei sich in Deventer eine Anzahl Scholaren, welche für ihn und Andere schrieben. Diese Schreibschulen zu Zwolle und Deventer sind, wie später erörtert wird, die ersten Grundlagen für Gerhard's weitere Stiftungen gewesen. Außer Zwolle stand Gerhard noch mit Amsterdam in regstem Verkehr über Bücherschreiben und Büchererwerb, wie uns

mehrere interessante Stellen seiner Briefe zeigen. Dem genannten Broede
schrieb er: „In der andern Woche reise ich nach Kampen; daher verschieb
es nicht, zu mir zu kommen mit allen meinen Büchern und den beiden,
welche der Herr Petrus mir schicken wollte . . . Die Quaternen und
ersten Theile der angefangenen Bücher bringe ebenfalls mit"[73]). An
seine Freunde Wilhelm Oudescute, Gisbert Dou und Johann Gronde
zu Amsterdam erläßt er Aufträge zum Bücherschreiben[74]). In einem
andern Briefe an den Letztern sagt er: „Ich habe die Bücher empfangen,
welche du geschrieben hast. Den letzten Theil des „Tabernaculum"
haben die Kampenser und schreiben ihn ab; sobald ich ihn erhalte,
werde ich ihn an Gisbert schicken. Ueber auffallende Kleidung irgend
etwas geschrieben zu haben, erinnere ich mich nicht. Ich habe den einen
Theil des Passionale zurückgeschickt. Bitte, schicke mir sobald als möglich
für einen alten oder einen halben Gulden französisches Pergament von
dem deinigen. Wenn du nichts hast, so nimm es von Herrn Wilhelm
oder Gisbert. Zur Zeit halte ich fünf Schreiber, es wird Augustin's
Commentar zu Johannes und Beda's zu Marcus geschrieben. Ich fürchte,
es geht das französische Pergament mir aus, ehe neues kommt, wofür
ich dem Herrn Gisbert zwei alte Gulden geschickt habe. Ich beabsichtige,
für kurze Zeit nach Utrecht zu gehen, um eine Apologie gegen die
öffentlichen Fornikarier herauszugeben"[75]). In einem weitern Briefe
an denselben Johannes Gronde sagt er: „Ich schicke dir das Buch der
Sentenzen." Dann gibt er verschiedene Ausweise über Verwendung
des Geldes zum Bücherkauf und Ankauf von Pergament[76]). In einem
andern Schreiben heißt es: „Ich schicke dir deine Bücher. Schreib' mir
zurück, wie viel du den Schreibern bezahlt hast"[77]). Seinen Freund
Johannes Cele ersucht er, einem Andern von dem erhaltenen Pergamente
verabfolgen zu lassen und ihm den Namen des Pergamentbereiters zu
melden. In einem weitern Briefe an denselben jagt Gerhard: „Wenn
irgend ein Buch angefangen ist, so möge es auch beendet werden, wenn
dieses von jetzt bis Pfingsten möglich ist. Ein weiteres Buch soll nicht
von neuem begonnen werden." Weiter heißt es in demselben Schreiben:
„Schicke mir auch das übrige Geld und anderes, da ich Geldmangel habe.
Gottlob, bin ich vollständig erschöpft." Daun kommen noch weitere Nach-
richten über bestellte Bücher[78]). In einem andern Schreiben ersucht er
seinen Freund Cele, ihm eine Reihe von Büchern leihweise zu schicken,
da er sie dringend nothwendig habe[79]). Gerhard kaufte auch bereits
geschriebene Bücher. Ueber einen interessanten Fall dieser Art meldet
uns Peter Horn: „Als er ein Mal Gregor's Moralia nicht hatte, schrieb
er dem Magister Johannes Cele, dem Rector der Zwoller Schule, ihm die=
selben zu kaufen, wenn er zufällig einen Verkäufer fände. Als aber der

gefundene Verkäufer das Buch schätzte und unter dem Preise forderte, gab
der genannte Magister Johannes zu der Summe noch fünf Gulden darauf
und zu diesem Preise schickte er sie Meister Gerhard, welcher das Buch
schätzte und, als er sah, daß es mehr werth sei, noch acht Gulden zur
genannten Summe hinzulegte. So empfing der Verkäufer dreizehn
Gulden über die geforderte Summe hinaus" [80]).

Gerhard legte auf die äußere Ausstattung der Bücher nicht das
Hauptgewicht, sondern vielmehr auf die Correctheit des Textes. „Er
war nicht versessen auf schöne Bücher," sagt Thomas von Kempen.
„So hatte er ein Brevier, das nicht viel werth war, aus dem er seine
Horen las, indem er für seinen Gebrauch alles Glänzende oder doch nicht
Einfache vermied. Als er daher Jemand sah, welcher ein sehr schönes
Buch hatte, sorgfältig in dasselbe hineinschaute und wieder verschloß,
sagte er ihm: Ich ziehe es vor, daß mich das Buch bewahrt, als daß
ich das Buch bewahren muß. Das Buch muß dem Nutzen des Lesers
und nicht der Neugierde des Beschauers dienen. Daher war die Neigung
des frommen Meisters mehr auf den Inhalt der Bücher als auf das
Alter des schönen Codex gerichtet. So wollte auch der heilige Hieronymus lieber correcte Codices in geringem Pergament, als schöne aber
incorrecte haben" [81]). Jedoch legte Gerhard auf deutliche Schrift ein
großes Gewicht. Junge Kleriker, welche eine schöne Hand hatten,
wählte er sich zu seinen Schreibern, so den Johannes Voß, Johannes
Hamer u. A. Bekanntlich haben gerade Gerhard's unmittelbare
Schüler, die Brüder vom gemeinschaftlichen Leben, durch schöne, deutliche
Handschrift und Erneuerung des verfallenen Schriftwesens sich besonders
ausgezeichnet.

Gerhard studirte fleißig in seinen vielen Büchern. Selbst bei Tisch
nahm er ein Buch zur Hand. „Seinem Tische gegenüber," sagt
Thomas von Kempen, „stand ein Bücherschrein, mit den besten Büchern
gefüllt, damit er, wenn ein Gericht nicht gefalle, er seinen Freunden aus
der Büchermenge einen Becher für ihre Seele geben könne" [82]). Ferner
führte er stets auf seinen Predigtreisen eine Anzahl Bücher bei sich [83]).
Seine Schriften zeigen uns ganz ungewöhnliche Belesenheit und weitver-
zweigtes Wissen. Gerhard wollte indeß mit seinem Wissen nicht glänzen [84]).
In seinen „Vorsätzen" sagt er von sich selbst: „Niemals sollst du studiren,
um einen Grad in der Theologie zu erlangen, noch darauf bedacht sein;
da ich ja zeitlichen Gewinn und Pfründen oder einen glänzenden Namen
nicht erlangen will. Wissenschaft aber kann ich auch ohne akademischen Grad
besitzen. Gewöhnlich ist dieses Streben fleischlich und Sache der Leute, welche
nur fleischliche Wünsche haben. Ferner wird man dadurch von dem Wirken
für das Heil des Mitmenschen abgezogen, ebenso von dem Gebete, der

Reinheit des Geistes und der Zurückgezogenheit von der Welt. Ferner muß man dann vielen unnützen Vorlesungen anwohnen und unter vielen Menschen sein, wodurch man befleckt und zur Sünde gebracht wird. Im weltlichen Rechte und in der Medicin sollst du nur gegebenen Falls studiren und dann, wo du etwas Gutes damit bezwecken kannst. An sich nämlich nähren sie den Geist nicht, sondern bringen ihn in Verwirrung; aber aus Liebe zum Frieden, im Falle der Noth, oder wenn ein merkwürdiger Fall uns auf= stößt, kann man im weltlichen Rechte nachsehen, oder für den eigenen Leib oder für den des Mitmenschen in der Medicin. Dies sind nämlich weltliche Dinge, in denen es geeigneter ist, anderer Leute Rath einzuholen, als selbst solchen zu geben. Theologen und Mönchen und solchen, die nach dem Gesetze Gottes verlangen, ist auch das Studium des weltlichen Rechtes und der Medicin verboten." [85]) An einer andern Stelle dieser „Vorsätze" heißt es: „Nach Bernard sollst du kein Wort sprechen, wodurch du als sehr fromm und vielwissend erscheinen möchtest. Ebenso sollst du jede öffentliche Disputation vermeiden und verabscheuen, da der ganze Streit bloß zum Triumphiren oder zum Glänzen ist, wie es sich auch mit allen Disputationen der Theologen und Artisten zu Paris verhält; ihnen sollst du nicht ein Mal zur Belehrung anwohnen. Es liegt auf der Hand, daß sie Feinde der Ruhe sind und Streit und Uneinigkeit daraus entsteht. Sie sind unnütz und stets aus Neugierde hervorgehend, ja in den meisten Fällen sogar abergläubisch, thierisch, teuflisch und irdisch, da ja die Wissenschaft allein oft schädlich und stets nutzlos ist. Die Verschwendung der Zeit ist stets ohne Frucht. Während dieser Zeit kann man einen geistigen Gewinn sich verschaffen entweder im Gebete oder im Studium eines frommen Schriftstellers. Niemals will ich mit irgend Jemand auch selbst unter vier Augen disputiren, außer es wird damit ein sicherer guter Zweck erreicht, oder es sei mit Jemand, der mich anhören will und mit dem ich ohne Streit und in Bescheidenheit mich unterhalten kann." [86]) Wissenschaft bloß um des Wissens willen wollte Gerhard also nicht treiben, auch wollte er nicht nach Krämer= art vor Jedem sein Wissen auskramen. Daher hat Gerhard wissen= schaftliche Werke im eigentlichen Sinne nie geliefert, sondern nur Ge= legenheitsschriften, welche praktischem Interesse dienten, entweder seine Predigt vervollständigten oder unterstützten. Die Gegenstände, welche dieselben behandeln, sind sehr verschieden. In allen finden wir aber einen edeln, ruhigen Ton, frei von aller Leidenschaft und Bitterkeit.

Gehen wir nun zu seinen bekannten Schriften im Einzelnen über.

1. Reden sind uns von Gerhard mehrere erhalten, von denen sein „Sermo contra focaristas", sein „Sermo in festo palmarum de paupertate" und die „Zedelijke Toespraach" gedruckt sind, während der „Sermo de nativitate

Christi; und ein anderer „de septem verbis domini pendentis in cruce" nur handschriftlich vorhanden sind[87]). Die letzten beiden schließen wir von unserer Betrachtung aus. Der Sermo gegen die Focaristen[86]) ist in seiner vorliegenden Gestalt nicht gehalten, sondern vielmehr, wie bereits oben hervorgehoben, eine nachträgliche Ausarbeitung mehrerer Synodal=Vorträge, welche durch die Angriffe gegen dieselben veranlaßt wurde. Um Gerhard's Auftreten und den Widerstand, welchen er dabei fand, würdigen zu können, muß man wohl die exceptionellen Verhältnisse in's Auge fassen, welche im friesischen Theile der Diöcese Utrecht und vielleicht auch in den angrenzenden Theilen geherrscht haben. Während des ganzen Mittelalters nämlich sollen die Priester in Friesland gewöhnlich verheirathet gewesen sein. Ja, man behauptet sogar, Alexander VI. habe diese Verhältnisse gebilligt[89]). Um die Ausrottung dieser Uebelstände handelte es sich also. Bischof Florentius wollte die allgemein gültigen Normen einführen. Ob der Weg, welchen Gerhard vorschlug, praktisch eingeschlagen werden konnte, werden uns die folgenden Ausführungen zeigen. Die Schrift, welche seine Rede weiter ausführen und begründen sollte, nennt er kurzweg eine „Apologie"; sie ist erschienen in Utrecht und an die Prälaten gerichtet, welche er zum Einschreiten gegen die gerügten Zustände auffordert. Zugleich erklärt er wiederum, wie bereits in seinen Predigten vor dem Volke, daß solche in offenkundigem Concubinate lebenden Geistlichen kirchlich excommunicirt seien und daher der Verkehr mit ihnen aufzuheben sei. Auch die Unzucht überhaupt wird nebenbei gegeißelt.

Das Thema ist in 26 Abschnitte zerlegt, welche sich in drei größere Gruppen gliedern. Was vom Standpunkt des christlichen Sittengesetzes und der positiven kirchlichen Gesetzgebung darüber gesagt werden kann, ist beigebracht und mit einer Unzahl von Stellen aus der h. Schrift, den Kirchenvätern und dem canonischen Recht und seinen Glossatoren belegt, so daß der Leser von der Ueberfülle von Citaten wirklich erdrückt wird. Ich will die einzelnen Capitel der Schrift kurz skizziren: 1. Ein offenkundiger Fornikarier ist suspendirt ipso facto; ihn selbst, seine Messe und Sacramentenspende hat man zu meiden. 2. Schwer sündigt derjenige, der wissentlich der Messe eines solchen beiwohnt. 3. Wenn die Prälaten der Kirche diese auch dulden, so muß man sie dennoch meiden, und die Untergebenen sind nicht jener Duldung wegen von der Meidung entschuldigt. 4. Jeder, welcher in der Suspension celebrirt, ist irregulär. 5. Ihn kann der Bischof nicht dispensiren. 6. Wenn Jemand im offenkundigen Verdachte der Fornikation steht und nach geschehener Mahnung die Verdachtsgründe nicht entfernt, so ist er vollständig notorisch. 7. Ein Fornikarier ist in demselben Augenblicke suspendirt und excommunicirt, wo sein schlechtes Leben notorisch ist. 8. Die

Concubinen der Geistlichen müssen gestraft werden. 9. Wer eine weibliche Person in seinem Hause hält, über die in Folge ihres Alters und
ihrer Disposition wahrscheinlich ein Verdacht und ein Scandal entstehen
kann, außer sie sei eine Verwandte, so daß jeder Verdacht ausgeschlossen
ist, der sündigt schwer gegen das Gebot und Verbot der Kirche, obgleich
ein Aergerniß noch nicht entstanden ist. 10. Wenn ein Geistlicher eine
weibliche Person, welche ein Aergerniß verursacht, noch im Hause behält,
obgleich sie nach den kirchlichen Gesetzen an sich nicht verboten wäre und
er mit ihr keinen fleischlichen Umgang gehabt hätte, so sündigt er schwer.
11. Wenn ein Kleriker oder Laie durch seinen Umgang mit einer weiblichen Person Aergerniß gibt und er dieses weiß, und sie dennoch nicht
entläßt, so sündigt er schwer, obgleich er nie mit ihr Böses gethan hat.
12. Alle zweifelhaften Thaten der Menschen sind nach der besten Seite
hin auszulegen, offenkundige und unzweifelhafte Schandthaten dagegen
nicht zu entschuldigen. 13. Jeder muß das unterlassen, woran das einfache Volk Aergerniß nimmt, obgleich es an sich nicht Sünde ist.
14. Wenn ein Kleriker oder Laie durch seinen an sich erlaubten Lebenswandel Aergerniß gibt, so darf man wohl seine That als solche entschuldigen, diesen Umstand aber, daß er das Aergerniß nicht meidet,
muß man verurtheilen. Ebenso darf man nicht sofort, wenn ein Kleriker
oder Laie ein verdächtiges Frauenzimmer im Hause hat, urtheilen, daß
er mit ihr fleischlichen Umgang habe, sondern kann nur sagen, daß er
durch die Haltung der Person gegen die Vorschrift der Kirche handele.
15. Das Aergerniß der Geistlichen wirkt zurück zum Schaden der Kirche
und der Unehre Gottes. Gerhard hebt hier besonders hervor, daß solche
Geistliche, welche mit unreinem Gewissen die Sacramente spenden, sie
auch an solche austheilen, deren Gewissen nicht frei von Sünden ist.
„Erwäget, meine Geliebtesten, wie viel Ungerechtigkeiten die Utrechter
Kirche von vielen umwohnenden großen Herren zu dulden hat, denen
zweifelsohne ohne Genugthuung ihrerseits die Sacramente der Buße und
des Altares gereicht werden. Woher kommen diese und noch viel
schlimmere Uebel, wenn nicht von denen, welche die unbefleckten Sacramente der Kirche in höchster Befleckung verwalten, nämlich von den
unkeuschen und buhlerischen Priestern? Zweifelt nicht, daß deshalb viele
in ihrem Glauben kränkeln und weniger an die Sacramente glauben,
welche so arg befleckte Hände verwalten, und welche ohne Unterschied so
oft an die Schlechtesten gespendet werden. Ferner ehren die Menschen
weniger das Gesetz Gottes, da die Lehre von dem, dessen Leben verachtet wird, auch weniger angenommen und beachtet wird, obgleich sie
göttliches Gesetz enthält. Daher verhöhnen verkommene Christen und
Ungläubige, Häretiker und Juden, ja sogar auch manche schwache Christen,

die nicht im Glauben vollendet sind, das Gesetz Christi und die Kirche und wenden sich ab von ihr. Denn sofort meinen sie, daß das Gesetz eben so sei, wie die Gesetzeskundigen und die Doctoren sind, und sie denken, daß die wahre, lebendige Kirche Gottes so sei, wie sich die Kirche jetzt äußerlich vor ihren Blicken repräsentirt, oder wie die Aufseher und Diener der Kirche sind, welche mehr in das Innere und tiefer in den christlichen Glauben eingedrungen sind. . . . Was glaubst du, halten die Menschen von den Sacramenten, dem Glauben und der Ehre Gottes, wenn die edelern Diener Gottes und die geistlichen Fürsten, die aufgestellten Mundschenken des Blutes Christi und die Schatzmeister der geistigen Reichthümer der Kirche, welche die Geheimnisse kennen und in Betreff der Glaubensmaterien sehr unterrichtet sind, wenn diese, sage ich, in offenkundigen Schandthaten und Lastern, und vorzüglich in Unreinigkeit leben und so überall Aergerniß gebend dem ganzen Volke sich in ihrer vollen Verworfenheit zeigen? Wie meinst du, wird diese Schmach zur Verachtung des Namens des höchsten Gottes und des mystischen Leibes Christi, welcher die wahre Kirche Gottes ist, beitragen? Und wie glaubst du, gereicht dies zur Verläsierung und Beleidigung des Glaubens an die h. Sacramente und die kirchlichen Verrichtungen und zum Schaden der heiligen rechtgläubigen Wissenschaft, und zum Schaden von allem, was in der Kirche geschieht und solcher anvertraut ist? Es gereicht zur Schande und Verachtung des ganzen klericalen Standes und des Bestandes der Kirche, wenn Jerusalem, der mystische Leib Gottes, das heißt seine heilige Kirche, ihre Lehre und Einrichtungen, wie ein Steinhaufen, das heißt wie nichts, verächtlich und schnöde behandelt wird. So kann heute allegorisch gesagt werden, was den Juden in der That sich ereignete, nach Psalm 78: »O Gott, es kamen die Heiden in dein Erbtheil,« ja schlechtere Menschen, als Heiden, nämlich öffentliche Fornikarier. »Sie befleckten deinen heiligen Tempel und machten Jerusalem, d. h. die Kirche der Gläubigen, zu einem Steinhaufen. . . .« Daher sage ich es, ohne Zweifel zu begegnen: Wer die Gotteslästerungen der Fornikarier aus Liebespflicht tadeln, corrigiren und bessern kann, oder wer es aus Liebespflicht oder von Amtswegen muß und es dennoch nicht thut, oder es vernachläßigt, dieser liebt nicht die Verherrlichung und die Ehre des Namen Gottes und wünscht sie auch nicht." 16. Unlautere Priester, Kleriker und Christen verfolgen, zermartern und zerfleischen Christus noch grausamer als Herodes, Pilatus und seine Soldaten. 17. Die geistliche Behörde muß gegen solche Kleriker und Laien, welche im offenkundigen Concubinate leben oder darin leben sollen, vorgehen, daß sie ihre Buhlerinnen entlassen und den Umgang mit denselben aufgeben. 18. Ein Kleriker oder Priester, welcher im Zustande der Todsünde sein

Amt ausübt, sündigt schwer. 19. Solche sind daher suspendirt und
können durch keines Menschen Gebot gezwungen werden, ihr Amt eher
weiter auszuüben, als bis sie den alten Menschen ausgezogen und sich
bekehrt haben. Die Entschuldigung, daß solche von Amtswegen ver=
pflichtet seien, die Sacra zu ministriren, läßt Gerhard nicht gelten. „Wie
sehr glauben derartige, der Seele nach gestorbene Priester und Kleriker,
welche in Wollust, Geiz, weltlichen Vergnügen, in Unkeuschheit und
ähnlichen Lastern leben, daß sie Gott einen großen Dienst erweisen, wenn
sie ihr Amt ausüben, wodurch sie in Wahrheit den Zorn Gottes über
sich herabrufen und wodurch sie den Zorn Gottes über sich in Unmasse
ansammeln. Sie wissen nämlich, daß sie schwer sündigen, falls sie
excommunicirt von Menschen, den Gottesdienst abhalten, obgleich sie in
keiner andern schweren Sünde sich befinden, da dieses ja von der äußern
Kirche bestraft wird; aber sie wissen es nicht, daß sie mit jenem Gott
viel schwerer und sträflicher beleidigen, weil sie, obgleich von Gott selbst
suspendirt, in den heiligen Dienst sich einmischen. Warum dies? Weil
sie mehr Rücksicht nehmen auf das Urtheil der Menschen, als auf das
Urtheil Gottes, mehr auf die Traditionen der Aeltesten, als auf das
Gebot Gottes, obgleich sie die Gebote Gottes vollkommen halten und die
Einrichtungen der Aeltesten nicht vernachlässigen müssen." Ein Urtheil
der Kirche kann man hier nicht abwarten, hier muß Jeder sich der Aus=
übung seines Amtes enthalten, wenn sein Gewissen ihn der schweren
Sünde anklagt. „Denn die Kirche kann nicht alle die, welche sie als
von Gott suspendirt erkennt, ebenso strafen, als die, welche von Menschen
suspendirt sind. Wollte sie alle von Gott Suspendirten ausmerzen, so
würde der Friede der Kirche zerstört und vielleicht auch der Weizen aus=
gerissen. Es bestraft also die Kirche diejenigen, welche durch einen Canon
oder einen Menschen suspendirt sind, wenn sie dennoch celebriren, mit
der Irregularität und in einigen weiter unten zu erörternden Fällen,
während sie gegen die von Gott Suspendirten keineswegs im Strafwege
vorgeht, obgleich die göttliche Suspension stärker ist." 20. Niemand
darf einem Priester oder Kleriker, von welchem ihm offenkundig bekannt
ist, daß er im Stande der Todsünde sein heiliges Amt ausübt, zustimmen
und begünstigen oder außer dem Nothfalle ihn zur Ausübung seines Amtes
ermahnen, antreiben, bewegen und veranlassen. 21. Es ist eine schwere
und furchtbare Sünde, einen Menschen, von welchem man weiß, daß er
sittlich nichts werth ist, zu den höhern Weihen zu befördern und ihm
die Seelsorge anzuvertrauen. „Wenn daher ein Bischof, der solcher
Menschen Fehler nicht bessert, mehr ein unreiner Hund als ein Bischof
zu nennen ist, was soll man dann von jenem Bischof oder Priester
sagen, welcher diese zu einer Würde oder einem Amte in der Kirche

befördert, ihnen die Seelsorge überträgt oder sie zur selben zuläßt? . . .
Ich will nicht bloß die Bischöfe und Prälaten, sondern auch alle Laien,
männlich und weiblich, gemahnt haben, nicht bloß die Patrone und
Patroninnen von Beneficien und kirchlichen Aemtern, sondern auch alle
Vermittler, Helfer und Beförderer bei der Beförderung zu jeglichen kirchlichen Weihegraden oder zu irgend welchen Officien und Beneficien."
Schwere Sünde ist es auch, Jemand bei der Entfernung eines solchen
unwürdigen Priesters zu hindern. 22. Die Amtshandlungen eines
unwürdigen Priesters darf man nicht deswegen meiden, weil die Sacramente selbst durch sie befleckt seien. Die Sacramente können als Werke
Christi durch einen Menschen nicht besudelt und unrein gemacht werden.
23. Von einem Priester, den man einer Todsünde schuldig weiß und
dennoch sein Amt verwalten sieht, kann und soll man immer das Beste
annehmen, nämlich, daß er vorher sich noch mit Gott ausgesöhnt hat.
Nicht aber darf man leichtfertiger Weise diese Präsumtion von offenkundigen, notorischen Gewohnheitssündern haben. 24. Es dürfen unter
keinen Umständen einige, wegen der Schlechtigkeit irgend welcher Menschen,
sich vollständig von der Gesammtkirche, welche in gleicher Weise aus
Klerikern und Laien besteht, separiren, obgleich sie gerecht sind; noch
dürfen sie, gleichsam als ob sie ganz allein gerecht wären, die andern
verachten und sich von der Gemeinschaft der Gläubigen, in der sich
Gerechte und Ungerechte zugleich befinden, abtrennen. 25. Fern halten
und abschließen dagegen muß man sich von jeder fleischlichen und irdischen
Freundschaft Aller, welche nach den Gelüsten des Fleisches und dem
Geiste der Welt leben. 26. Alle suspendirten, excommunicirten, inter-
dicirten, deponirten und begradirten Priester, auch wenn sie schismatisch
und häretisch sind, consecriren und spenden die Sacramente gültig,
wenn sie glauben und die Intention haben, auch die rechte Form und
Materie der Sacramente anwenden.

Diese Apologie Gerhard's ist unter seinen Schriften der wissenschaft-
lichen Seite nach die wichtigste. In ihr hat er sein theologisches,
patristisches und canonistisches Wissen reichlich verwerthet, aber auch zugleich den glänzendsten Rechtfertigungsbeweis geliefert, daß er nicht, wie
man ihm vorwarf, das Priesterthum der Verachtung preisgegeben, und
dadurch den Organismus der Kirche zerstören wollte. Er wollte vielmehr
wahrhaft reformiren, d. h. innerhalb der kirchlichen Ordnung. Dieses
hat er besonders scharf in den Capiteln 24—26 nachgewiesen. Welchen
Erfolg hat die Schrift gehabt? Zunächst zog sich Gerhard dadurch die
Feindschaft mancher Prälaten und den Haß der Fornikarier zu. Ob
letztere es fertig brachten, ihm die Predigtgewalt zu entziehen, wie
Thomas von Kempen berichtet, wird unten noch näher beleuchtet werden.

Indeß hat Gerhard durch sein Auftreten auch viel Gutes gestiftet. Directe Angaben liegen uns hierüber allerdings nicht vor, aber um nur nach den erhaltenen Handschriften zu schließen, hat die Apologie weit über die Niederlande hinaus Verbreitung und Anerkennung gefunden. Die Münchener Staatsbibliothek [90]) bewahrt mehrere Handschriften derselben aus ehemaligen baierischen, ebenso die kaiserliche Bibliothek zu Wien [91]) mehrere aus österreichischen Klöstern. Der Sermo ist schon im Anfange des 15. Jahrhunderts zu Köln gedruckt worden [92]).

Mit der Apologie in innigem Zusammenhange steht ein anderes kurzes Schriftstück, welches in 24 Sätzen das enthält, was Gerhard jemals gegen die Fornikarier gelehrt und geschrieben hat [93]). Wenn auch die Fassung und Reihenfolge der Sätze anders sind, als die der eben behandelten Apologie, so sind sie doch inhaltlich mit ihnen gleich. Wahrscheinlich haben wir aber in diesem Schriftstücke nicht bloß, wie Einige wollen, den ersten Entwurf der später edirten Apologie, sondern vielmehr eine Art Flugblatt, welches in großen Mengen da verbreitet wurde, wo die compendiöse Apologie nicht hinkommen konnte. Die „fünf Punkte" sind, wie ein flüchtiger Vergleich ergibt, dieselben, welche Gerhard im 26., im 9., 10. und 11., im 2. und im 3. Capitel seiner Apologie behandelt hat.

Die zweite Rede Gerhard's, sein „Sermo in festo palmarum de paupertate" [94]), kleidet sich vollständig in Predigtform, zerfällt in Einleitung, zweitheilige Abhandlung und Schluß. Diese Rede ist nicht vor dem Volke, sondern vor einem Klosterconvente gehalten und handelt über die freiwillige Armuth der Mönche. Anknüpfend an das Psalmwort (Psalm 59, 32) „Videant pauperes et laetentur", schildert er in einer innigen und herrlichen Einleitung das Vorbild der Armuth, Jesum, wie er heute in die heilige Stadt einzieht, um dann die ganz einfache und natürliche Disposition seinem Vortrage zu geben: Die Klosterleute sollen sich an Jesus ein Vorbild nehmen (videant) und dann werden sie mit ihm triumphiren und herrlich werden (et laetentur). Nachdem der Prediger dargelegt, daß die Tugend der Armuth allen Christen überhaupt anzuempfehlen sei, da ja ihr Haupt „Christus pauper, paupertatis forma et fons paupertatis abundans, in singula sua paupera membra paupertatis aquas influens" sei, begründet er, daß dieselbe für die Ordensleute Pflicht ist. „Den Religiosen ist jene Armuth durchaus nothwendig, welche den Besitz von Eigenthum ausschließt, die Gemeinsamkeit aller Dinge aber einschließt. Das Schauspiel dieser Armuth war Christus, die Nachahmer seine Apostel und Schüler. Denn in der ersten Zeit der Kirche nannte Niemand aus der Menge der Gläubigen etwas sein Eigenthum, sondern alles war ihnen gemeinsam, sie theilten es aber aus an die Einzelnen, wie es ein Jeder bedurfte

(Apostelg. 4). Nach ihnen haben die Gründer der klösterlichen Genossen=
schaften und die Gestalter des Ordenslebens, Basilius, Augustinus,
Benedictus und Andere, in ihren Regeln befohlen, diese Gemeinsamkeit und
Armuth ohne Sonderbesitz unverbrüchlich zu beobachten, und haben gewollt,
daß ihre Nachfolger und Nachahmer, d. h. alle Beobachter eines klöster=
lichen Lebens, welchem Orden sie auch angehören mögen, wie zur Keusch=
heit, so auch zum Gehorsam und zur Armuth, diesen drei allen Orden
gemeinsamen Einrichtungen, durch feierliches Gelübde sich verpflichteten.
Ihr Stand und ihre Regeln, von der heiligen Kirche Gottes bestätigt,
sind gleichsam die Ebenbilder des Lebens Christi und seiner Apostel.
Allen Sonderbesitz (proprietas) hat dieselbe Mutter Kirche an diesen
Ständen, als dem Leben Christi und seiner Apostel widersprechend
und ungleichförmig, beständig und heftig verabscheut und, soweit sie
konnte, mit allem Ernste verbanut. Um ein Beispiel dieses Ernstes
und dieser Strenge zu geben, hat auf Antrieb des heiligen Geistes der
erste Apostelfürst gegen die ersten Proprietarier unter den Jüngern, gegen
Ananias und Saphira, die erste und so harte Excommunication verhängt,
welche den zeitlichen, plötzlichen Tod herbeiführte, damit eine große Furcht
bei Allen, welche es hörten, besonders aber in den künftigen Proprietariern
entstände." Nachdem Gerhard dann die Befehle der Kirche und ihre
Strafen gegen die Proprietarier angeführt und durch ein Beispiel er=
läutert hat, fährt er fort: „Siehe die Strafe gegen die Proprietarier,
welche die heilige Kirche alsdann wegen des unentschuldbaren und großen
Verbrechens des Sonderbesitzes gleichsam als Gesetz für die Zukunft fest=
stellte! Mit Ausnahme der Häresie habe ich kaum eine so große Misse=
that gefunden, welche auch nach dem Tode noch mit solcher beklagens=
werthen Strenge bestraft wird, um die Herzen der Mönche von dem
Falle in das Laster des Sonderbesitzes, wozu die menschliche Begierde
so sehr hinneigt, um so sicherer und sorgfältiger zu bewahren und unter
die Regel der Armuth zu beugen. Beide nämlich, sowohl die Geneigtheit zum
Besitze als auch die Größe der Sünde, fordern eine genaue und strenge
Bestrafung. Es gibt nichts, dessen Besitz dem Mönche eingeräumt wird.
Denn, wie in dem Leben der Väter gesagt wird, der Mönch ist den
Groschen nicht werth, den er besitzt. Dem Mönchsstande haftet unzer=
trennlich die Armuth an, wie auch die Keuschheit mit einem fast unlös=
baren Bande angeknüpft ist, und es kann nicht unter dem Vorwande
der Erlaubniß des Abtes, der Abtissin, oder des Priors entschuldigt
werden, daß Jemand Sonderbesitz hat." Gerhard erläutert nun weiter
die Vorschriften der Päpste. Dann ergeht er sich in einer Schilderung
der Folgen des Sonderbesitzes, welcher von ihm „lapis offensionis et
scandali petra, meridianum daemonium, valde gyrovagum et terribile"

genannt wird, widerlegt die Einwendungen gegen die klösterliche Armuth vom socialen Standpunkte aus und erläutert, in's Detail eingehend, näher, wie die Armuth im Kloster sich gestalten müsse. „Daher, Geliebteste," so schließt er dann, „werfet ab den Sonderbesitz! O, daß ihr doch von ihm frei sein möchtet! Möge euch zum Verlassen des Eigenthums die Vernunft ermahnen! Möge euch ermahnen das evangelische Gebot! Möge euch ermahnen das Beispiel Christi und der Apostel! Möge euch ermahnen die Verdammung der von ihnen so hart bestraften Proprietarier! Möge euch ermahnen die Einsetzung des Ordenslebens und des Gelübdes! Möge euch ermahnen das undispensirbare Gelübde! Möge euch ermahnen die strenge Drohung der heiligen Kirche, welche so sehr die Proprietarier verabscheut! Möge euch ermahnen die gegenwärtige Verletzung mit dem so grausamen Schwerte der Excommunication! Möge euch ermahnen die Schande des gebührenden Begräbnisses in der Düngergrube! Möge euch ermahnen die so oft wiederholten, so großartigen und fast endlosen Ermahnungen der Väter! Möge euch ermahnen die bis auf's Haar genaue Beobachtung der Armuth seitens der Alten und euerer Vorgänger, in deren Stelle ihr eingetreten seid! Möge euch ermahnen das ganze, arme Leben Christi und sein hülfloses Reiten auf einem Esel am heutigen Tage! Möge euch ermahnen das Banner der Armuth, dieser Tag und unsere Festfeier der Armuth, und möge euch ermahnen jene königliche Erhöhung!" Gerhard legt dann schließlich noch dar, daß ein Ordensmann bei treuer Beobachtung der freiwilligen Armuth doch niemals darben werde. So weit sei das Christenthum noch nicht gesunken, daß man die heilige Armuth nicht liebe und bewundere, daß man mit dem armen Mönche nicht bereitwillig sein Stück Brod theile.

Im zweiten Theile legt Gerhard die Freuden der Armuth dar. „Zum Lobe der Armuth genügt kaum die menschliche Sprache, da es das Lob einer so bewunderungswürdigen Tugend ist, welche die Verheißung des gegenwärtigen und zukünftigen Lebens hat. Zum Beweise dafür nämlich, was sie für das wahre und ewige Leben nützt, können unzählige Stellen aus den Aussprüchen Christi und der Propheten gesammelt werden. Aber dies eine möge genügen: »Selig sind die Armen, denn ihrer ist das Himmelreich« (Luc. VI, 21). Es genüge das Wort: »Es werden gesättigt werden, welche hier dürsten.« Gesättigt werden sie werden, wenn die glorreiche Herrschaft dessen erscheint, dem sie hier nachgeahmt haben; denn diese Herrschaft ist ihnen besonders verheißen. Dann werden die Armen essen und gesättigt werden und den Herrn loben von Ewigkeit zu Ewigkeit, weil der Herr richtet die Armen des Volkes und selig macht die Söhne der Armen. Denn der arme Herr wird bei der Vergeltung aller Menschen, beim letzten Gerichte, sich die Personen der

Armen als Stellvertreter auswählen. Er wird zu Gerichte gehen durch
Arme mit Armen und zu Gunsten der Armen, dann werden die Armen
die Richter der Reichen sein und Christi Beisitzer; sie werden sein und
sind die Intercessoren und Aufnehmer Anderer in die himmlischen
Wohnungen." Nachdem Gerhard nun die Kehrseite, die Gefahren des
Reichthums geschildert hat, geht er im Einzelnen den Nutzen der Armuth
durch. Sie ist ihm der Weg der Vollkommenheit (Marc. 10, 21 und
Matth. 19, 21). Der Arme ist um so mehr auf sich und Gott bedacht,
je mehr er von den Menschen geistig und leiblich getrennt ist; denn wo
dein Schatz ist, da ist auch dein Herz (Matth. 6, 21). Der Arme ist
mehr geneigt zum Gebete. Das Wort Gottes, mit den Ohren der Seele
oder des Leibes gehört, wird durch die Sorgen dieses Lebens und durch
das Jagen nach Reichthum erstickt und bleibt ohne Frucht. „Die Armuth
überhebt Niemand wegen seiner Macht, bläht Niemand in Stolz auf,
und verleitet nicht zur Unterdrückung Anderer. Die Armuth, fast alles
irdischen Ruhmes bar, will und kann äußern Pomp, Neuigkeit und
Vergnügen nicht wollen." Die Armuth ist die Werkstätte der Leiden
und Verdemüthigungen. Das Leiden aber bewirkt Geduld, die Geduld
Erprobtheit und die Erprobtheit Hoffnung. Die Hoffnung aber macht
nicht zu Schanden, da die Liebe ausgegossen ist in unsere Herzen durch
den heiligen Geist, der uns gegeben ist. In dieser Ordnung und auf
directem Wege führt die Armuth zur Hoffnung, d. h. zur Liebe nach
Röm. V, 3 ff., und nichts ist nützlicher unter der Sonne, als diese beiden.
Die Armuth, der Liebe vorausgehend, bereitet ihr auch den Weg, räumt
die Hindernisse und was ihr schädlich ist, hinweg; sie führt sie ein wie
ein Führer zur Wohnung des Herzens, nährt und kräftigt sie. So
vermehrt und genährt, zwingt sie umgekehrt die Armuth zum Wachsthum.
Die Armuth lehrt auch wahres Gottvertrauen, da sie die Wahrheit der
Psalmenworte 49, 11 und Jeremias 17, 5 erprobt hat. Wie der
Schiffer nach Verlust des Mastbaumes und Steuerruders einzig auf die
göttliche Hülfe blickt, so setzt auch der Arme seine Hoffnung einzig auf
den Herrn. Er wirft alle seine Sorge auf den Herrn, daß er ihn
ernähre, und wenn er am täglichen Brode Mangel leidet, so nimmt er
seine Hoffnung und Stärke einzig aus dem täglich neu erweckten Gott=
vertrauen.

Die Armuth schafft Weisheit und Verstand, unterdrückt die Fleisches=
triebe und das Thierische im Menschen und schwächt die bösen Begierden,
öffnet die Augen zum Verständniß, enthüllt die Tiefe der Geheimnisse
Gottes, leitet zur Betrachtung hoher Geheimnisse an und gibt einen Vor=
geschmack des Himmlischen. Die Armuth ist auch das sichere Fundament
für den häuslichen Frieden, da sie niemals etwas „mein" nennt und

das „dein" nicht begehrt und will. Die Armuth bewahrt den Menschen
auch vor körperlichen und sinnlichen Ausschweifungen. „Der freiwillig
Arme bleibt gesund, hat ein langes Leben, bleibt an Gedächtniß und
Sinnen frisch"; kurz das ganze geistliche und leibliche Wohl eines Mön=
ches beruht auf treuer Beobachtung seines Armuthsgelübdes [95]).

Die Rede ist in einem warmen Herzenstone gehalten, frei von jeder
Uebertreibung und Ueberschwänglichkeit, voll rhetorischer Schönheit. Ger=
hard spielt auf thatsächliche Verhältnisse gar nicht an, so daß beim
Mangel aller positiven Angaben auch nicht einmal der kleinste Anhalt
für eine Annahme des Ortes gegeben ist, wo dieselbe gehalten wurde.
Auch entbehrt die Gerhard'sche Rede aller jener tadelnden, beißenden
und verdammenden Ausdrücke, durch welche reformatorische Vorträge so
oft sich auszeichnen. Gerhard's Rede ist objectiv im besten Sinne; sie
exponirt und erläutert das Gelübde der Armuth, seinen Umfang, seine
Verpflichtung und seinen Nutzen ohne alle Seitenhiebe. Was Wunder,
wenn der heilige Redner, der die Armuth selbst übte und somit seine
Rede durch sein lebendiges Beispiel illustrirte, Eingang in die Herzen
seiner Zuhörer fand. Daß Gerhard in seiner Rede treu die Kirchenlehre
wiedergegeben, soll nur vorübergehend erwähnt werden. Daß er eine
Fülle von biblischen Stellen anführt und vielfach in biblischen Aus=
drücken redet, dürfte uns bei seiner großen Vertrautheit mit dem heiligen
Buche nicht auffallen. Von Kirchenvätern sind Augustin, Bernhard und
Thomas verwendet; auch heidnische Schriftsteller wie Aristoteles, Seneca
und Virgil werden benutzt.

Die „Zusprache" [96]) ist, wie schon der Titel sagt, keine Predigt
im eigentlichen Sinne, sondern vielmehr eine freigehaltene Ansprache an
einen bestimmten Zuhörerkreis, eine „Collation"; daher liegt ihr auch
keine genaue Disposition zu Grunde. Der Grundgedanke, um den sich
das Ganze dreht, ist folgender: „Alle äußerlichen Werke, heißen sie
Fasten, Geißeln, Wachen und viel Psalliren oder Vater unser beten,
körperliche Arbeit oder auf hartem Lager schlafen oder ein härenes Buß=
gewand tragen, alle diese Werke sind so viel gut und werth und nicht
mehr, als sie Gerechtigkeit, Friede und Freude im h. Geist einbringen
(Gal. 5, 22). Das ist der Maßstab, wonach man sie thun, messen und
weniger oder mehr nehmen soll. Und alle Aeußerlichkeiten, welche Ge=
rechtigkeit, Friede und Freundschaft im heiligen Geist oder eins von
diesen drei hindern, sind dem Menschen schädlich und hinderlich und nicht
geordnet, und die kommen dem Menschen vom Feinde eingegeben und von
dem Eigensinne des Menschen und von seiner Selbsteingenommenheit."
Das Schriftlein ist demnach eine Anleitung zum praktischen Christenthume
und stellt wahrhaft goldene Regeln über den Werth und Unwerth von

geistlichen Uebungen auf, je nachdem sie von Gott kommen und zu Gott hinführen oder bloß äußerlich und mechanisch geübt werden. Nur ein Beispiel dafür. „Ich habe," sagt Christus, „lieber ein Weib, welches demüthig, unterthänig ihrem Manne, ruhig und still ist, ohne großartig hartes Bußleben, als ein Weib, welches das härteste Leben leidet in Bußübungen, dabei aber ihrem Manne' nicht unterthänig oder unfreundlich ist, oder die viel unnütze Plaudereien und Worte hat. Hartes Leben ist ohne Zweifel gut, frommt uns allen und allen Menschen, falls es vollbracht wird in Gerechtigkeit und Gehorsam. Wenn vollbracht in Gerechtigkeit, Gehorsam und Frieden, im Stillen und in Freundschaft im heiligen Geist, dann nimmt es alle ihre Güte an; aber ohne sie ist es todt, so viel werth als Spreu oder Staub, ohne Frucht für's ewige Leben." Wie die letzte mitgetheilte Stelle zeigt, ist die Schrift für Weltleute geschrieben. Ob sie bloß an ein „paar luyds" gerichtet war, wie die Schreiberin der erhaltenen Handschrift angibt, möchte fraglich sein. Ich nehme mit Hirsche das Gegentheil an. Die Handschrift, nach welcher van Bloten das Schriftstück veröffentlichte, stammt aus dem Jahre 1471; sie gibt dasselbe in der Volkssprache, und wahrscheinlich hat es Gerhard auch in ihr geschrieben. Leider ist das Erhaltene nur ein Bruchstück des Ganzen. Die Anschauung Groot's ist wahrhaft katholisch und die immer wiederkehrende Mahnung, welche der Seelsorger an geistig Beschränkte oder christlich wenig Gebildete zu richten hat, daß die guten Werke naturgemäß aus dem Innern herauskommen müssen, nicht aber äußerlich bloß angewöhnt sein dürfen; ähnlich wie auch der dürre Stamm, an welchen man Blätter, Zweige und Blüthen bindet, kein grüner Baum zu nennen ist. Neues und Unbekanntes hat Gerhard nicht vorgebracht.

2. Drei kleinere Schriften unseres Meisters enthalten theologische Gutachten und Rathschläge für bestimmte Personen. Die längere[97]) ist ein Tractat über die Ehe und ihre Pflichten, sowie ihr Verhältniß zum Cölibate, für einen hervorragenden Mann (notabilem et solemnem virum), welcher wahrscheinlich das Votum castitatis abgelegt und in alten Tagen noch Heirathsgelüste bekommen hatte. Gerhard redet ihn an: „Carissime, qui diu coelebs et lucens venerabiliter et populo exemplariter vixisti," und drückt ihm zunächst sein inniges Mitleid über seine Sinnesänderung aus. „Ich bemitleide dich," heißt es, „wenn es dir selbst leid thut. Wenn es dir aber nicht leid thut, so thust du mir leid und ich bemitleide dann nicht dich, sondern die Mutter Kirche, welche dich mit so großer Mühe und so großem Zeitaufwande so milde geboren und ernährt hat; ich bemitleide die Heiligen, denen du bekannt bist." Aus diesen Worten ergibt sich, daß wir es mit einem

Manne zu thun haben, welcher bislang aus höhern Motiven den ehe=
losen Stand erwählt hatte. Die Gründe, welche ihn zur Meinungs=
änderung brachten, waren, wie man aus Gerhard's Schrift ersieht, fol=
gende drei: Er glaubte die sinnlichen Regungen in sich durch eine Ehe
gründlich zu beseitigen; er hielt es für besser, Kinder zu erzeugen und
dadurch die Diener Gottes zu vermehren, als kinderlos zu sein; und end=
lich meinte er, es sei doch schön und erbaulich, mit einem braven Weibe
beständig zu verkehren und so eine Stütze seiner Heiligung zu haben.
Aus diesen drei Gründen hielt er jetzt den Ehestand für sich für besser
als den jungfräulichen. Gerhard sucht ihn nun in einem Tractate,
welcher 22 Capitel umfaßt, eines bessern zu belehren. Nachdem er über
die Aenderung des Standes im Allgemeinen gesprochen, behandelt er die
Erlaubtheit und Unerlaubtheit der Ehe im Allgemeinen (Cap. 2) und
im Besondern (Cap. 3). Für ihn, sagt Gerhard, schicke sich die Ehe nicht
wegen der Rücksicht auf seine Mitmenschen. Er würde den Schwachen
ein Aergerniß geben. Sodann zeigt der Meister, daß es ihm unmöglich
sein würde, der Wissenschaft und einer Frau zugleich zu dienen. „Uebrigens,“
sagt Gerhard, „muß man sich wundern, daß du schon im Begriffe stehst,
wegen einer Frau nicht bloß den Weg der Vollkommenheit, sondern auch
die Weisheit der Christen und sogar die Wissenschaften, denen du von
Jugend auf zu dienen gewohnt bist, zu verlassen. Wenn du so willst,
warum hast du dann mit so vielem Schweiße der frommen Gelehrsamkeit
(devotae doctrinae) dich gewidmet? Warum die Studien auf so langem
Wege durchlaufen, wenn du wegen so schwacher, bäuerischer und fleisch=
licher Weiber so königlichen Frauen, welche dir so lange Zeit und zu
so großer Seelenruhe vermählt waren, schnöde den Scheidebrief gibst?
Es unterliegt keinem Zweifel, daß diese ihre Klagen gegen dich bei ihren
ewigen Eltern vorbringen und, wie ich fürchte, den strafenden Arm des
göttlichen Gerichtes gegen dich anrufen“ (Cap. 4). Jetzt werden die
vier Hindernisse, welche den Verheiratheten vom vollkommenen Dienen
Gottes abziehen, erläutert und zwar nach Paulus, 1. Korinther 7. Cap.:
tribulatio carnis, complacentia mulieris, necessitas instans, cogitatio et solicitudo horum quae mundi sunt. Diese vier Hindernisse
des ungetheilten Hingebens an Gott nennt Gerhard „quatuor voragines“
und eine „quadruplex materia plena periculis et retibus“ (Cap. 5).
Nicht alle Willensänderung ist von Gott, oft spiegelt auch der Satan
dem Menschen etwas Falsches vor. Daher belehrt Gerhard seinen Leser,
wie man göttliche und teuflische Eingebungen unterscheiden könne (Cap. 6).
Diese angeführten Erörterungen bilden die eigentliche Einleitung auf's
Thema. Gerhard behandelt nun den ersten Grund seines Heiraths=
lustigen, wegen seiner vielen sinnlichen Versuchungen zum Ehestande zu

schreiten, in fünf Capiteln (7 bis 11). Er zeigt zunächst, aus welchen
Absichten der Christ allein sich verheirathen dürfe und welche schlimme
Folge jede aus unlautern Absichten geschlossene Ehe habe (Cap. 7).
Dann erklärt er näher die Worte des Apostels „melius est nubere quam
uri" (Cap. 8), zeigt wie der Christ aus dem Widerstehen gegen die Versuchungen sich viele Verdienste sammele (Cap. 9) und schließt diese seine
warm geschriebene Exposition mit den Worten „Multo securius et melius
est legitime pugnare procul dubio, quam matrimonium inire". Wenn
aber der Mensch thatsächlich den Versuchungen nicht Widerstand leisten
kann, dann ist besser, er heirathet, als daß er in Sünde fällt (Cap. 10).
Gerhard meint indeß, daß jeder Mensch mit der Gnade Gottes den An-
fechtungen widerstehen könne, und zeigt darum die wahren Heilmittel
gegen die Flamme der Leidenschaft, ohne welche die Ehe auch kein wahres
Heilmittel genannt werden kann. Anknüpfend an das Wort des Apostels
Röm. 7, V. 24: „Ich unglücklicher Mensch! Wer wird mich befreien
von dem Leibe dieses Todes?" antwortet er mit ihm: „Die Gnade
Gottes durch unsern Herrn Jesum Christum!" „Wer zu ihr," sagt Gerhard, „seine Zuflucht nimmt, wird in ihr ein wahres Heilmittel gegen die
Gluth ohne Gefahr und einen sichern Schutz finden. . . . Die Gnade Gottes
durch Jesus Christus wird dich heilen, wenn du vollständig zu ihr dich
hinwendest, und wird die Wurzel ausreißen. Auch die Flamme kann sie
gleichfalls auslöschen, welche die Ehe unter täglichem Kampfe und häu-
figster Gefahr nur zu lindern und zurückzudrängen im Stande ist, auch
selbst bei denen, welche sie in heiliger Weise gebrauchen. Denn ein ver-
nünftiger Gebrauch der Ehe schafft keinen Frieden, sondern nur kurzen
Waffenstillstand (Cap. 11). Aus dem zweiten Grunde, nämlich der
Kindererzeugung wegen, allein zu heirathen, nennt Gerhard geradezu
„stultissimum", da ja die Kindererziehung fast unerfüllbare Lasten auf-
erlege. Der Vater solle nach dem h. Beda der Bischof und Aufseher
seines Hauses sein. „Ich fürchte," fügt Gerhard bei, „daß von seiner Hand,
wie vom Hirten zurückverlangt wird, was von seinen Kindern verloren
gegangen ist" (Cap. 12). „Wie wenige aber, o mein Gott, haben jenen
Zweck bei der Kindererzeugung zunächst (principaliter) im Auge? Wie
wenige schreiten so ehrbar, so erlaubt, so keusch und so anständig zum
ehelichen Beischlaf? In der That, es geziemt sich, daß den Eheleuten
der Engel Raphael als Mahner beisteht, wie dem Tobias und der Sara!"
(Cap. 13.) Wenn derjenige, welcher bloß zu diesem Zwecke zu heirathen
vorgibt, wirklich einen solchen Seeleneifer hat, so räth ihm Gerhard,
arme Kinder anzunehmen und an ihnen Vaterstelle zu versehen. „Wähle
dir Kinder armer Christen aus, welche du erziehen kannst, und welche
die Eltern aus Armuth oder weil sie bereits gestorben sind oder ihres

eigenen schlechten Lebenswandels wegen nicht gottesfürchtig erziehen können. Solche Kinder, denen deshalb die Gefahr nahe bevorsteht, vom Dienste Gottes abzuweichen und sich von ihm zu entfernen, führe in dein Haus oder versorge sie außer demselben an Leib und Seele mit aller Sorgfalt" (Cap. 14). Gerhard zeigt dann (im 15. Cap.), daß bei vielen Ehen die Wünsche der Eltern nicht erfüllt werden, wahrhaft gottesfürchtige Kinder zu haben. Die letzten sieben Capitel widmet Gerhard der Beleuchtung des dritten Heirathsgrundes, mit einer guten Frau religiös zu leben. Er zeigt zunächst, daß eine wahrhaft gute Frau die unerläßliche Bedingung für ein glückliches Eheleben und eine segensreiche Kindererziehung ist (Cap. 16), schildert dieses Glück näher (Cap. 17) und führt die Eigenschaften auf, welche eine gute Frau haben soll (Cap. 18). Dann aber zeichnet er des Bildes Kehrseite. Wenn der Mann einen Mißgriff macht, welches Unglück schafft er sich dann selbst. Er zeichnet genau, wie die Schönheit, das Alter und das Geld der Frau (Cap. 19), die gegenseitige Abneigung ihrer Keuschheit Fallstricke bereiten und dadurch alles vorher geträumte Eheglück zerstören können. (Cap. 20). Daher die beständige Eifersucht (Cap. 21). Im Schlußcapitel erörtert Gerhard dann noch, daß der eheliche Umgang auch der Gesundheit schade.

Es darf nicht übersehen werden, daß diese Abhandlung nur eine Gelegenheitsschrift ist. Gerhard will einem Heirathslustigen gegenüber, welcher eine allzu hohe Meinung vom Glücke und Segen einer Familie hat, zeigen, daß sich doch manches anders gestalten könne, und daß seine drei Wünsche, falls sie wirklich lauter seien, auch anders und in höherer Weise, als durch eine eheliche Verbindung befriedigt werden können. Nur so sind manche harte Sätze zu verstehen.

Die zweite Schrift [98]) enthält ein Gutachten darüber, aus welchen Absichten und in welcher Weise Jemand ein kirchliches Beneficium erstreben darf. Gerhard hatte nämlich einem Kleriker, welcher, um seine armen Eltern zu versorgen, ein Curat-Beneficium annehmen wollte, davon abgerathen, und motivirt nun sein Verhalten. „Quaeritur a me, so beginnt die Schrift, cur dissuadeam cuidam iuveni circa 24 annos constituto, in grammatica imbuto, ut curam animarum non acceptet." Auf diese Frage antwortet der Meister in einer Weise, welche auch noch heute Interesse erregen wird. Zunächst muß ihm der Competent frei von allen canonischen Hindernissen sein, also mindestens vom Tage der Conception an gerechnet 25 Jahre zählen. Zweitens dürfe keine simonistische Verleihung „per preces corporales" eintreten. Die Bitten aber, welche die Schwestern des Competenten einlegen, seien solche. „Preces enim, quas sorores pro fratre fundunt ex eo quod frater est, sunt natae de carne et sine dubio carnales." Und die Bitten in Rücksicht auf die Dienste, welche sie bereits der Patronatsherrschaft geleistet und noch leisten werden, seien noch schlimmerer Art; „adhuc preces illae sunt carnaliores". Wenn nun der Jüngling unter diesen Umständen die Seelsorge übernehme, so liege offenkundig eine simonistische Verleihung des Beneficiums vor. Ferner muß der Competent die rechte Intention haben, d. h., er muß an erster Stelle die Ehre Gottes und das Heil der Seelen bezwecken. Die rechte Intention gibt sich kund, wenn der Priester, falls er sonst den nothwendigen Lebensunterhalt hat, sich der Seelsorge ohne zeitlichen Gewinn unterzieht. Auch muß derjenige, welcher ein Seelsorgsbeneficium übernimmt, die nothwendige Kenntniß besitzen, damit nicht ein Blinder die Blinden führt. Ein weiteres Requisit ist das erprobte Leben: „quisquis debet vitae exemplum suis subditis dare, quia sicut doctrinae ita et vitae plenitudo debet requiri, ut sicut praecedit doctrina ita et vita." Der Seelsorger soll sich durch heiliges Leben vor seiner Gemeinde auszeichnen. „Wie werde ich einen Andern heben können, wenn ich selbst nicht höher stehe," sagt Gerhard. „Wie will ich Jemand Hülfe bringen, wenn ich selbst nicht stärker bin." Der Curat soll daher Gott mehr lieben als die Laien. Darum fragte auch Christus, ehe er dem Petrus die Sorge für seine Heerde übertrug: „Liebst du mich mehr als diese?" Alle diese Eigenschaften glaubt Gerhard an einem jungen Manne von 24 Jahren aber nicht finden zu können. Er zieht noch das Wort des h. Bernhard an, daß die Seelsorge selbst für Engelsschultern zu schwer sei, und schließt dann: „Ergo miserum est imponere humeris puerorum angelicis humeris formidandum!" [99])

Das dritte Gutachten [100]) handelt über die damalige Sitte, die Pfarrstellen zu verpachten. Gerhard, um seine Meinung gefragt, ob solches vor dem Gewissen erlaubt sei, antwortet Folgendes: 1) Die Einkünfte und Gefälle des Beneficiums ohne das Officium kann Jemand verpachten. 2) Das Officium aber, die Seelsorge, darf auf keinen Fall verpachtet werden. 3) Das Verpachten und Pachten des Officiums ist eine schwere Sünde; die Simonie. 4) Der Pächter ist dann verpflichtet, alle Einnahmen, die ihm durch Ausübung der Seelsorge zufließen, zurückzuerstatten. 5) Die Annahme einer Pfarrstelle zunächst um der Temporalien willen ist Sünde; „est infidelitas quaedam, haeresis et divisio a corpore christi mystico, imo idololatria quaedam est et peccatum maximum et contemtus maximus dei et spiritualium rerum et sacrorum Sacramentorum." 6) Wer das Seelsorgsamt „in praedicando, in absolvendo et in Sacramenta administrando et celebrando" bloß aus Habsucht ausübt, sündigt schwerer, als der, welcher die Pfründe vom Collator in der Absicht, um den Pfarrkindern zu nützen und Seelsorge zu üben, gekauft

hat. 7) Wer simonistisch das Pfarramt gekauft hat, ist restitutions=
pflichtig. 8) Eine Entschuldigung dieser Unsitte vor Gott ist nicht mög=
lich. Charakteristisch ist wiederum an diesem Gutachten, daß Gerhard
nicht, wie Schriftsteller seiner Zeit, welche Canones an Canones, Glossen
an Glossen reihen, die Richtigkeit seiner Sätze bloß aus dem geschriebenen
Recht der Kirche, sondern vielmehr aus dem Wesen des Priesterthums,
der Weihe und Hirtenthätigkeit des Seelsorgers ableitet. Die Schrift
enthält darum Gedanken, welche auch noch heute der Beherzigung werth
sind [101]).

4. Der Vollständigkeit halber seien hier auch noch die bereits ange=
führten „Conclusa et Proposita, non Vota in nomine Domini a Magistro Gerardo edita" [102]), seine „Publica Protestatio" [103]), ein Glaubens=
bekenntniß aus Anlaß der Verdächtigungen seiner Rechtgläubigkeit und
die „Dicta quaedam magistri Gerardi magni" [104]) angeführt.

5. Eine zwar nicht selbständige, aber immerhin große schrift=
stellerische Thätigkeit entwickelte Gerhard auf dem Gebiete der Ueber=
setzung. Als praktischer Mann fühlte er, daß eine rege und lebendige
Theilnahme des Volkes an dem „Officium divinum", dem Chordienste
des Klerus, unmöglich sei, falls es nicht selbst im Stande sei, den Kleri=
kern im Gebete zu folgen. Es waren allerdings schon manche deutsche
Uebersetzungen der Psalmen und Horen vorhanden, allein diese genügten
Gerhard nicht. Er übersetzte darum die kirchlichen Tageszeiten von neuem.
Die Uebersetzung, welche alle vorhandenen übertroffen haben soll, wurde
schnell verbreitet. Bislang sind vier alte Drucke davon bekannt und
neuerdings ist sie von Moll abermals edirt [105]). Auch Andere hielt
Gerhard zum Uebersetzen seiner lateinischen Schriften an; so bittet er
seinen Freund Cele für Johann Ummen etwas davon zu übersetzen
(„Ponatis aliqua in teutonico de scriptis meis. que vobis videntur
utilia pro Ioanne Ummen" Chron. Wind. 609). Um dagegen den
vortrefflichen Werken des Ruysbroeck eine weite Verbreitung zu geben,
übertrug er zwei Schriften desselben in's Lateinische, wobei er sich aber
manche Aenderung erlaubte. Diese Uebersetzungen sind noch unge=
druckt [106]).

6. Gerhard's Briefe.

Thomas von Kempen schreibt über Gerhard: „Er bemühete sich
nicht bloß, heilige Bücher zu durchlesen, sondern schrieb auch auf Bitten
Anderer aus authentischen Aussprüchen der Heiligen einige Büchlein zu
Nutz und Frommen der Bittenden fleißig zusammen und gab sie heraus,

bereit, auch jene zu unterrichten, welche er leiblich nicht besuchen und mündlich nicht belehren konnte. Er schrieb nämlich unter anderm mehrere ausgezeichnete Briefe — plures notabiles epistolas —, welche bei den meisten gesammelt, zum würdigen Andenken aufbewahrt und gelesen werden [107]). Man schätzte also zu Thomas' Lebzeiten Gerhard's Briefe als seine gehaltvollsten Schriften, hatte Sammlungen derselben in den meisten Klöstern und benutzte dieselben zur ascetischen Lectüre. Auch Johannes Cele hatte Gerhard's Briefe für sich gesammelt [108]). Ein Brief Gerhard's scheint damals in den Niederlanden ein Schriftstück von größter Wichtigkeit gewesen zu sein, denn er erfuhr oft von gegnerischer Seite solche Angriffe, daß der Meister sich genöthigt sah, wie von seinen Predigten, so auch von seinen Briefen Copieen bei sich zu tragen. Auf diese Weise wurde zugleich dafür gesorgt, daß nach seinem Tode eine Sammlung seiner Briefe bereits vorlag und leicht allgemeine Verbreitung finden konnte. Thomas von Kempen erzählt uns folgenden interessanten Vorfall. „Es ereignete sich, daß ein Prälat, sein Gegner, ihn ausschalt und wegen einiger seiner Schriftstücke, als ob sie weniger gut und richtig abgefaßt seien, ihn öffentlich anklagte, nicht erwägend, an welcher Krankheit des Neides er innerlich litt. Da zog der Gottesmann im Bewußtsein seiner Unschuld seine Briefe hervor mit der Behauptung, daß die vorgeworfenen Dinge nicht von ihm geschrieben seien und auch mit seinen Schriften nicht übereinstimmten. Sie, mein Herr, sprach er, mögen sehen, welche Briefe sie empfangen oder abgesendet haben. Hier ist die Copie und die Sammlung meiner Briefe, welche ich mit eigener Hand entworfen habe. Mit ihnen rede ich, für sie handele und antworte ich." [109]) Der Prälat war vernichtet, Gerhard glänzend gerechtfertigt. „In maiori abscessit reverentia coram multis astantibus." Welche Verbreitung Gerhard's Briefe fanden, mögen uns folgende Andeutungen zeigen. Auf belgischen, niederländischen und deutschen Bibliotheken finden sich dieselben noch heute handschriftlich in großer Zahl. Acquoy beschreibt, um nur einige Beispiele zu erwähnen, drei Handschriften der Burgundischen Bibliothek in Brüssel, eine aus der Bibliothek im Haag, sechs aus der Seminar-Bibliothek in Lüttich und drei aus Straßburg, welche Gerhard'sche Briefe enthalten [110]). J. Clarisse thut dasselbe mit einer Gröninger und Utrechter Handschrift, welche letztere, wie der Haager Codex eine ganze Sammlung Gerhard'scher Briefe uns überliefert [111]). Außerdem benutzt er mehrere Utrechter Handschriften, welche einzelne Briefe enthalten. Die Staatsbibliothek zu Hannover erhält eine Handschrift mit Gerhard'schen Briefen aus dem Kloster Wittenburg [112]), die Münchener Staatsbibliothek zwei Handschriften aus St. Zeno bei Reichenhall und Tegernsee mit je einem Briefe Gerhard's [113]). Auch die Wiener Staatsbibliothek hat drei Handschriften aus dem 15. Jahrhundert mit solchen Briefen [114]), ein Beweis, daß dieselben schon frühzeitig sogar nach Oesterreich Verbreitung fanden. Diese hängt auf's innigste mit der Ausbreitung der kirchlichen Reform in den Klöstern zusammen. Gerade jene Briefe, welche für das Ordensleben und priesterliche Wirken von Wichtigkeit sind, werden mit der Reform in die Klöster eingeführt. Werden erst einmal alle Bibliotheken Cataloge ihrer Handschriften veröffentlicht haben, so wird man diese Verbreitung noch besser sehen können.

Schicken wir auch noch einige Bemerkungen über die Drucke unserer Briefe voraus. Ein gutes Dutzend hat Busch seinem „Chronicon Windesheimense", manche indeß nur theilweise, einverleibt, welche daher auch zuerst von allen Gerhard'schen Briefen gedruckt wurden (1621). Da indeß wegen der Seltenheit jener Ausgabe diese Briefe fast unzugänglich waren, so hat J. Clarisse dieselben unter Benutzung neuer Handschriften abermals edirt und durch drei neue, welche er in Utrechter und Gröninger Handschriften entdeckte, vermehrt [115]). Dann folgte Acquoy mit einer vortrefflichen Ausgabe von vierzehn Briefen, von denen mehrere mit den bereits edirten identisch sind; Nolte edirte sieben Briefe aus einer Lütticher Handschrift und machte Auszüge aus andern [116]); ferner gab de Ram acht Briefe aus zwei Straßburger Codices heraus [117]). Den Schluß macht Moll mit der Ausgabe eines deutschen Briefes, welchen unser Meister an eine Klosterfrau schrieb [118]). Im Ganzen sind 37 Briefe Gerhard's veröffentlicht, eine Gesammt=Ausgabe fehlt noch. Wir wollen nun einiges aus den wichtigsten mittheilen, um zu zeigen, welche Bedeutung Gerhard als Seelsorger und Führer im geistlichen Leben einnimmt.

Unsere Mittheilungen mögen eine Reihe von Briefen eröffnen, welche Gerhard einem seiner Schüler schrieb. Dieser wollte in den Karthäuserorden eintreten, führte auf Gerhard's Rath seinen Entschluß aus [119]) und hatte dann mit mancherlei Versuchungen und Leiden zu kämpfen, in denen er sich stets an seinen geistlichen Vater wandte und immer die eingehendsten Belehrungen empfing. Zugleich zeigen uns diese Briefe die innere Verwandtschaft Gerhard's mit dem Verfasser der Nachfolge Christi, und nicht selten stimmen sie sogar wörtlich mit der letztern überein.

„Im Namen des Herrn," so schreibt Gerhard, „tritt ein in dieses Kloster, mit der Absicht und dem Vorsatze, in ihm den Stand deines ganzen Lebens zu erwählen und anzunehmen, den Gott am meisten wohlgefälligen, den besten und sichersten unter allen Ständen, welche du in diesem Leben finden kannst, welche dir in gegenwärtigem Augenblicke entgegentreten können. Und obgleich in Zukunft ein anderes eben so sicheres, oder sogar gesicherteres Leben dir winken kann, wähle dennoch diesen Stand, weil die ganze Welt im Argen liegt, mit Umgehung aller Zweifelfragen, als den einfach beſſern und Gott angenehmern. Gleichſam als einer, der das zweite Mal getauft werden und abermals vollſtändig dem Satan widerſagen ſoll, ziehe den neuen Menſchen an, indem du ausziehſt den alten; vergiß, was hinter dir liegt, dein Volk und das Haus deines Vaters, da der König deine Zierde verlangt hat [120]), und dehne deine ganze Kraft auf das innere Leben aus, was Sache des Ordens iſt, gleichſam aller Freunde beraubt, deren Andenken du, außer im Gebete, als Berührung mit einer unreinen Sache verachten ſollſt, gleichſam enterbt und nichts in Ewigkeit beſitzend, ſondern als Einer, dem vor allen weltlichen Dingen Gott die einzige Erbſchaft iſt, und gleichſam nur für deine Sünden Buße thuend.

„Ferner bereite dein Herz zur Verſuchung. Wiſſe, daß Verſuchungen für dich von Leib und Seele kommen. Wenn du daher krank biſt oder ſonſt ein Zufall dir zuſtößt, ſo laß dich nicht zum Austritt bewegen, noch jetze deine Krankheit auf Rechnung des Kloſters. Du weißt nicht, wie viel Schlimmeres dir voraus beſtimmt geweſen wäre, wenn du außerhalb des Kloſters geweſen wäreſt. Das wiſſe überhaupt, daß im Ordensſtande Gott diejenigen, welche er erheben und wollenden will, ſich ſelbſt und ganz eigentlich überläßt, indem er ihnen ſeine Gnade entzieht, gleichſam als von der Mutterbruſt abgewöhnt. Dann ſteht der Menſch ungelenk da, ja ſelbſt nicht einmal zu körperlichen Uebungen iſt er fähig, er hat keine Andacht, er iſt ſchlaftrunken, rauh und unſanft. Dann ertrage geduldig und obliege dem Gebete. Dann wird dein Feind wachen, um dir zu rathen, du ſollſt das Kloſter verlaſſen, gleichſam als ob du anderswo beſſer wohnen würdeſt; er wird dir vorſpiegeln deine vergangenen guten Thaten, welche du ohne Trägheit vollbracht haſt, er wird dir vorhalten, daß deine weitern Werke in einem andern Orden beſſer werden, die Andacht unter Thränen, die Nachtwachen und anderes, was du einſt in einem anderm Stande gehabt haſt, jetzt aber nicht haben kannſt. Vielfach iſt die Verſuchung dieſes Teufels in Novizen. Glaube, daß allen oder wenigſtens der Mehrzahl dieſes zuſtößt. Gott will, daß die Seinigen allen ſolchen und ähnlichen Verſuchungen hier im Allgemeinen Widerſtand leiſten, nicht mit vielen Scheltworten, ſondern bloß einfach ſo: du biſt der Feind, weil du mich von dieſem Orden abzuziehen trachteſt. Vor dem Gedanken der Einflüſterung oder der äußern Ueberredung, welche dich vom Orden abbringt, fliehe wie vor dem böſen Feinde. Es ſei dir ein ganz ſicheres und genügendes Zeichen der Feindſchaft" [121]).

In einem weitern Briefe gibt Gerhard ſeinem Novizen über die Pflichten eines Mönches Belehrung: „Ein neuer Mönch muß in Demuth seinen Vorstehern unterthänig sein, seinem eigenen Willen, seiner eigenen Einsicht und seinen eigenen geistigen Uebungen nicht nachgehen, sondern die Andacht und die Uebungen pflegen, welche seine Obern ihm anrathen. Dies ist sicher, demüthig und fruchtbringend, und damit entsagt man seinem eigenen Willen. Vollkommener nämlich ist es, das geringere Gute aus Gehorsam zu thun, als das höhere nach eigenem Willen; das geringere Gute wird dann zu einem höhern gestaltet. Viele fallen, welche ihrem eigenen Willen folgen. Sie sind gleichsam Proprietarier, da sie sich selbst besitzen. Der Mönch soll essen, was ihm vorgesetzt wird, und soll nicht eigenmächtig sich Fasten auferlegen (non sit singularis in ieiunando). Worte, Befehle und Rathschläge soll der Mönch bereitwillig von seinem Obern entgegennehmen, gleichsam als ob er sie von Gott dem Herrn vernähme und hörte. Denn Gott hat es in seiner Fürsorge so geordnet und eingerichtet von Ewigkeit, daß zu solcher Zeit ein solcher Mönch durch den Gehorsam gegen einen solchen Obern zum Heile geführt werden muß, und wer darin widerstrebt, der widersetzt sich der Anord= nung Gottes [122]). Denn nicht ohne Grund und großen Nutzen haben die Vorsteher die Gewalt inne; sie würden sie nicht haben, wenn sie ihnen nicht von oben gegeben wäre [123]). Auch selbst wenn der Obere ein schlechter Mann sei, falls er nur nicht direct gegen Gottes Gebot befiehlt, vertraue muthig und vertrauensvoll deinem Obern und schätze dich so, wie er dich ansieht. Verurtheilt er dich, verurtheile dich auch; rechtfertigt er dich oder spricht er dich los, so halte dich in Kraft Gottes und deines Obern, in Kraft seiner Verdienste und der Gebete der Ge= rechten für losgesprochen und gerechtfertigt. Hüte dich, den Obern oder seine Thaten zu verurtheilen oder dieselben im schlechten Sinne aus= zulegen. Jedes Wort deines Gedankes und jeden Verdacht gegen deinen Obern, auch wenn du nur ein kleines Uebel von ihm oder seinen Thaten argwöhnst, verabscheue und wirf fort von dir, gerade so wie du jeden unlautern Gedanken verabscheuest und sofort vertreibst. Gewinne die innere Ueberzeugung, daß alle solche Gedanken ganz sicher vom Satan und Fesseln des Satans sind. Ebenso lobe nicht, noch laß zu irgend einen Mönch, welcher dir Schlechtes von seinem Obern jagen will oder dir weis machen will, daß dein Oberer weniger weise und gut handelt. Laß keinen Verleumder zu, denn die Verleumdung kommt im Mönchs= leben ziemlich häufig vor.

„Wenn du wegen der Beschäftigung und Arbeit im ersten Jahre, wegen des zu Erlernenden weniger fromm bist, oder wegen irgend einer Versuchung des Satans dir scheint, daß du weniger nützlich, weniger eifrig und weniger gut bist, als du vorher im Weltleben gewesen bist, so gib darauf gar nichts. Denn das flüstert uns oft der Satan zu,

wenn es nicht wahr ist. Oft kommt es dem Menschen so vor, als ob
er weniger gut sei, wie vorher, und zwar in Folge größerer Demuth,
welche man sich angeeignet und in der man alle seine Thaten mehr für
nichts achtet, als man es früher gethan hat. Oft scheint dies dem
Menschen auch so im höhern Lichte der erlangten Gnade, in welchem er
seine Sünden, sich selbst und seine Mängel besser erkennt. Mit einer
einzigen Antwort kann jede solche Versuchung verscheucht werden: „O
Herr, ich habe all das meinige und mich selbst dir und meinen Obern
dargebracht, ich habe mich selbst verleugnet um deinetwillen, und dies
ist mehr als alles, was ich in der Welt thun konnte. Denn ich habe
mich dadurch gefestigt, in der Welt konnte ich leicht fallen; hier werde
ich gezwungen, auszuharren, und bin über alle Gefahren der Welt sicher
hinaus" [124]).

„Bedenke, daß der Mensch oft größere Verdienste sammelt, wenn er
weniger Andacht, als wenn er größere hat. Gerade dann ist die Zeit
des Verdienstes, wenn Gott den Menschen verläßt und seine Hand zurück=
zieht, der Mensch aber das Vertrauen auf Gott behält oder sich und sein
ganzes Heil bereitwillig Gott anheimstellt, da er ja weiß, daß seine unend=
liche Güte ihn schließlich doch nicht verläßt. Aus jeder solchen oder ähnlichen
Versuchung fühlt ein solcher Mensch einen merklichen Nutzen und Fort=
schritt. Denn glückselig der Mann, der die Versuchung überwindet.
Hinzutretend zur Furcht Gottes, bereite dein Herz auf Versuchung vor,
und dann wird sie dich nicht beugen noch brechen, so daß du den Orden
wieder verläsfest. Fühlst du größere Versuchungen, die du vorher nicht
gekannt, vertraue, daß der süße Herr deines Fortschrittes wegen dir sie
sendet, und freue dich, daß du gewürdigt bist, für Christus zu leiden [125]).

„Auch das bewege dich nicht, wenn du siehst, wie einige Mönche
weniger gescheidt, andere sogar unwissend und ungelehrt, andere lau im
Guten und im Eifer, andere geistig versucht, andere mit einigen Fehlern
behaftet sind. Schließe deine Augen, so viel du kannst, vor der Durch=
forschung der Thaten Anderer, weil es dem Nachforscher schwer und fast
unmöglich ist, den Zustand und die Thaten Anderer nicht zu richten. In
dem Richten Anderer aber liegt eine große Gefahr. Denn sehr leicht
argwöhnt nach dem Ausspruche Seneca's Einer etwas Böses über den
Andern und oft sind solche Muthmaßungen falsch und stets mindern sie,
mögen sie wahr oder falsch sein, die Zuneigung und die Liebe, welche
der Mensch zu seinem Nächsten hat. Dieses aber ist ein großer Schaden.
Denn es ist förderlich und fast nothwendig für einen Mönch, daß er
alle liebt, und darum muß er alles im bessern Sinne auslegen. Und
wenn er sich bei dieser Auslegung täuscht, indem er Jemand für gut
hält, der es nicht ist, oder eine That für gut, welche es nicht ist, so

wird hierin die Liebe vermehrt und der Vollendung der Wahrheit, welche dem Menschen nothwendig ist, nichts entzogen. Denn in Wahrheit, in solchen Zufälligkeiten sich zu irren, ist sehr oft nützlich, wie der h. Augustin in seinem Enchiridion erklärt. Wenn du also solche Thaten siehst, welche zum Guten gezogen werden können, so ziehe sie dahin stets mit gewaltsamem Zuge und oftmals, wenn du nicht weißt, wie du sie zum Guten ziehen kannst, so bedenke, wie viel Gutes dir verborgen bleibt, wie oft du in deinem Urtheile dich getäuscht hast, wie unwissend du bist, und schließe oft und häufig damit, wie viele Dinge vor Gott und nach der Absicht des Menschen gut sind, welche dir böse erscheinen. Entschuldige die Absicht des Handelnden, wenn du die That nicht entschuldigen kannst, oder bedenke, daß die Gnade Gottes ihm fehlte, daß ihm dieses von Gott nicht gegeben sei, daß es mehr Versuchung des bösen Feindes als eine That des Bruders sei. Glaube, daß du Schlechteres noch thun würdest, wenn sich solche Versuchung des Teufels auf dich stürzte oder wenn dich Gott durch seine Gnade nicht vertheidigte [126]).

„Vertraue daher, daß dir alle deine Sünden vollständig vergeben sind sowohl in Bezug auf Schuld als auch auf Strafe. Wie neu wiedergeboren, von neuem gereinigt und abermals getauft im Geiste, behüte dich fortan in starker Obhut und nimm das Ordenskleid mit Andacht, nach vorhergegangener Beicht und unter Gebet. Und beim Anlegen der Gewänder bringe dich im Geiste mit ganzer Sehnsucht dem Herrn, deinem Gott, dar, und übergib dich im Geiste Gott und dem Obern vollständig. Gib dich dem Wohlgefallen Gottes und seiner Anordnung anheim. Was er über dich verhängt, sei es Leben, seien es Kopfschmerzen oder Krankheiten, nimm dir vor, es geduldig seinetwegen leiden zu wollen, da ja die Leiden dieser Zeit in keinem Verhältniß zu der zukünftigen Glorie stehen [127]).

„Ferner sei darüber mit dir schlüssig, daß du mit Gottes Hülfe den Teufel überwunden und einen großen Fortschritt im ersten Jahre gemacht hast, so unnütz du nun auch sein magst, wenn du ausharrest, um nach dem ersten Jahre Profeß abzulegen, und habe die feste Ueberzeugung, einen großen Sieg gegen den Feind erlangt zu haben, welchen du indeß der Hülfe Gottes und nicht dir zuschreiben sollst. Ferner, wenn du im Orden ausharrest, strebe niemals irgend eine Dignität oder ein Amt an, außer, du wirst vom Orden aus dazu gezwungen; dann gehorche und widersetze dich nicht hartnäckig. In Sachen und Rathschlägen des Conventes mische dich nicht ein, gib deine Ansicht nicht kund, außer, du seiest aufgerufen und befohlen und müßtest es gleichsam aus Gehorsam thun[128]). Gott sei Dank, bete für mich, Bruder!“ [129])

Als derselbe sich abermals an seinen Seelenleiter wandte, schrieb ihm dieser in einer wahrhaft erhebenden Weise: „Vielgeliebter meinem Herzen in Christo Jesu! Den Brief deiner Beängstigungen und Beklemmungen habe ich, wie du weißt, nicht erhalten können, ohne mit dir beängstigt zu sein. Mit welcher Hingebung ich mit dir und deinen Genossen mitleide, weiß Jener, welcher an seinem Leibe unser aller Mühen und Schmerzen trug. O, wie sehr wünsche ich zu rathen, wie sehr sehne ich mich, zur Hülfe zu kommen. Aber es wird mir nicht von Oben gegeben, da es nicht im Menschen liegt, den Menschen zu erheben, wenn nicht der Tröster der Armen, der Helfer in Glück und Leiden räth und beispringt." Nachdem er dann seinen Schutzbefohlenen auf die Lesung der h. Schrift hingewiesen, fährt er fort: „Hüten wir uns, daß wir nicht von Traurigkeit aufgerieben werden; hüten wir uns, daß, wenn sie uns stört, sie uns nicht zerstört, nicht hinabstürzt, daß nicht der Abgrund über uns seinen Mund aufthut, daß uns nicht das Unwetter der Trübsalswasser ersäufe, und daß die Ordnung des Apostels [130]), welche von der Trübsal zur Hoffnung führt, von derselben Trübsal ausgehend, nicht endlich zur Verzweiflung führe. Es sei ferne, es sei ferne, daß die Trübsal Kleinmüthigkeit, die Kleinmüthigkeit Verzagung, die Verzagung Verzweiflung in uns wirke. Es ist ganz sicher, daß der Teufel, wenn er einen feigen Menschen sieht, ihn um so männlicher, kühner und lästiger angreift und um so schneller zu Boden wirft. Wenn man aber mit Vertrauen auf Gott kämpft und der Satan sieht, wie man ihn erwartet und seine abgeschossenen Pfeile, so gut man kann, verachtet, dann weicht der feindliche Nachsteller, die Verachtung seiner und seiner Angriffe gleichsam ungern habend, zurück, und der Mensch, wenn er wacht, sieht sofort den Nutzen und Segen seiner Nachstellung. Aber es ist nothwendig in dieser geistigen Wache, daß der Mensch in seinem Herzen eifrig über die Fürsorge Gottes für ihn nachdenkt, der dem Geängstigten um so schneller und so näher mit seinem Schutze beisteht. Ist nicht Gott unser Arm in der Frühe und unser Heil in der Zeit der Trübsal. Ist nicht Gott nahe denen, welche betrübten Herzens sind? Er selbst ist unsere Zuflucht und unser Helfer in Bedrängnissen, auch selbst, wenn sie zu sehr heimsuchen. Deswegen fürchten wir nicht, wenn erbebt die Erde und Berge in das Meeresherz versetzt werden [131]). Aber was sollen wir sagen? Ist die Trübsal nicht ein Zeichen der Liebe und Annahme von Gott, da er den züchtigt, welchen er lieb hat, den schlägt, welchen er aufnimmt. Glückselig der Mann, wird zu Job gesagt, welcher vom Herrn gezüchtigt wird. Seinen Tadel weise nicht ab, weil er selbst verwundet und heilt, er schlägt und seine Hände bringen Heilung. Vertraue fest auf den Herrn, daß, wenn ihr alle ausharret und nach Weise des Landmannes, welcher die kostbare Frucht des Landbaues in Thränen säet, geduldig wartet, bis ihr die Frucht, welche sich verzögert und verzieht, mit der Zeit und spät empfanget, so werdet ihr sehr reichlich und mit Freuden einernten. Könnte ich dann doch der Frucht ebenso theilhaftig werden, wie ich jetzt theilnehme an der Aussat! Was mehr? Führt nicht der rechte und nothwendige Weg zum Himmel durch Leiden? Sagt nicht die Schrift: Viel sind die Leiden der Gerechten, und daß wir durch viele Trübsale in das Reich Gottes eingehen müssen? Und anderswo: Alle, welche fromm leben wollen, müssen Verfolgung leiden. Werden sie nicht, wenn sie Christum verfolgt haben, auch euch verfolgen? Der Schüler ist nicht über dem Meister.

„Mußte nicht Christus leiden, und so in seine Herrlichkeit eintreten? Ist es daher nicht nothwendig, daß auch wir Christen, deretwegen er gelitten hat, in ähnlicher Weise leiden und den Tod Christi in unserm sterblichen Leibe beständig herumtragen, damit Jesu Leben an unsern Leibern manifestirt wird? Denn beständig fallen wir, die wir leben, nach dem Ausspruche des Apostels dem Tode anheim, damit das Leben Jesu in unserm sterblichen Leibe offenbar werde. Deswegen hat Christus, sagt der Apostelfürst, gelitten, damit wir seinen Fußstapfen folgen, damit wir Erben Gottes, Miterben Christi werden. Wenn wir aber mitleiden, sagt der Apostel im Briefe an die Römer, werden wir auch mit verherrlicht werden.

„Das ist die Ursache, warum ich immer und fast überall lehre, daß das Leiden unseres Herrn Jesu Christi stets und gleichsam häufig im Herzen zu behalten und zu erwägen ist, und nicht bloß deshalb, damit es selbst durch die Betrachtung in unserm Verstande sei, sondern auch und noch mehr, damit es durch die Nachahmung der Strafen, Beschimpfungen und Leiden und das Verlangen danach in Ausführung sich befinde, und daß von da durch Nachbildung Christi im Werke und in der That der Christ emporsteige. Denn wegen des Verlangens und der Begierde, mit Christus gekreuzigt zu werden, zu leiden und verachtet zu werden, sobald man Gelegenheit findet, wird die Betrachtung schließlich und hauptsächlich angestellt, und wenig Werth hat die bloße Betrachtung des Leidens, wenn nicht das heftige Verlangen, Christus nachzuahmen, dieselbe begleitet. Daher müssen wir in einer jeden Betrachtung irgend welcher Theile des Leidens Christi die Stimme Christi gleichsam über uns hören: Thue so, und du wirst leben; oder: so habe ich gelitten für dich und deinetwegen, damit du meinen Fußstapfen folgest. Und wenn das heilige Gemüth anfängt, die Demuth Christi auch ohne alles menschliche Vergnügen, und seine Wunden zu lieben, Oel aus dem Felsen und Honig aus dem härtesten Stein zu saugen und die innern Thaten Christi zu erfassen, o, welches Verlangen wird es dann haben, gequält, gemartert und verachtet zu werden, damit es seinem so großen Liebhaber ähnlich geformt werde und gefalle. Obgleich vielleicht ein in vielen Bedrängnissen noch schwacher und neuer Anfänger ganz besonders häufig zu dem, was er sich wünscht, nicht die hinreichende Kraft hat, so nimmt er sich doch vor, mit Christus zu leiden, er disponirt, ordnet, fleht und erbittet vom Herrn; er hält nicht Stand und wird gedemüthigt, er vollendet einige Male, sagt Dank und wendet sich mit seinen Kräften zum innern Leben. Auf diese Weise verleugnet der Mensch sich selbst, trägt sein Kreuz und folgt Christum nach. Denn das Kreuz Christi ist jede freiwillige Aufnahme der Mühen, Strafen und Beschimpfungen, durch welche die Welt dem Menschen gekreuzigt wird, d. h., das, was von der Welt ist, vom Menschen verachtet wird, und er der Welt, d. h., er selbst wird von Weltmenschen verachtet und verspottet. Dieses Kreuz ist dem Kreuze des Herrn Jesu Christi ähnlich, und wird von ihm, wie von der Quelle der Bach und von der Sonne der Strahl auf uns übergeleitet.

„Aber wehe! Viele von uns nehmen das Kreuz, welches sie sich selbst machen, sei es, indem sie Cilicien tragen oder Privatgebete verrichten, sei es, indem sie sich besondere Fasten auflegen, gern auf; aber das Kreuz, welches uns Gott macht, welches wahrhaft nothwendig ist, von uns getragen und umfaßt werden muß, das nehmen wir nicht bloß nicht freiwillig auf uns, sondern werfen es auch in Abscheu von uns fort. Halten wir für zweifellos, daß irgend welche Strafen, welche uns durch irgend eine Macht, sei es die eines Obern, sei es die von Gleichgestellten, sei es die eines Geringern, gerecht oder ungerecht nach der Intention der Handelnden ereilen, uns durch Gott erbarmungsvoll und gerecht bestimmt sind. Und viel und weit mehr verdienstlich und heilsam, ja nothwendig ist es uns, deren Kreuz ohne Widerstreben und Murren zu tragen und in der Versuchung jener alles, was wir uns selbst auferlegen, mag es zu seiner Zeit auch noch so verdienstlich sein, zu verachten. Was ist nämlich kühner, als seinen eigenen Willen zu brechen? Was ist göttlicher und gnadenreicher, als sich dem Willen Gottes ähnlich zu gestalten. Und nichts gibt es oben im Himmel oder unten in der Hölle, was wir nicht besiegen können, wenn wir unsern eignen Willen verleugnet und uns ganz Gottes Hand anheimgestellt haben.

„Dieses Kreuz Christi ist also in der Betrachtung des Leidens beständig zu zimmern. Beleidigungen, Verhöhnungen, Ungerechtigkeiten und Schmerzen sind beständig zu dulden aus drei Gründen vornehmlich. Zuerst aus Liebe zur Verehrung und Gleichförmigkeit Jesu Christi, ohne Rücksicht auf Verdienst oder Lohn; dann werden sie nämlich an Verdienst und Lohn um so reicher, wenn sie nicht Lohnarbeiten, sondern, Christus ähnlich gemacht, mit ihm und durch ihn dem Vater demüthig geopfert sind, nicht als ob sie aus eigenen Kräften angefangen, weiter fortgeführt und vollendet sind, sondern vielmehr in den Verdiensten Christi. Zweitens sind sie aufzunehmen aus Liebe zu den göttlichen Früchten, Verdiensten und Belohnungen, welche, wie gesagt ist, sehr reichlich aus den Leiden hervorquillen. Drittens sollen wir die Leiden und Strafen unser ganzes Leben lang in heilsamer Bußgesinnung aufnehmen, aus Liebe und Sehn= sucht, der göttlichen Gerechtigkeit, welche wir in so vielen Dingen schwer beleidigt haben, und welche keine Sünde unbestraft läßt, genug zu thun. Und das nützt zur Tilgung der Strafe wunderbar, weil eine geringe Strafe, besonders die, welche Gott zuläßt oder schickt, eine große Strafe des Fegfeuers, wo wir gezwungen dulden, tilgen wird. Aber mehr nützen sie, wenn sie übernommen werden zur Vollführung der göttlichen Gerechtigkeit und des göttlichen Willens, als wenn sie bloß auf Tilgung der Strafen bezogen werden.

„Dieses habe ich euch zu euerer Ermahnung und meiner eigenen Be= lehrung betreffs des Trostes über die Strafen geschrieben, wie es mir gerade einfiel. Uebrigens, Geliebter, hüte dich vor starker Traurigkeit, welche nach dem Ausspruche des Weisen dem Herzen schadet, wie die Motte dem Kleide und der Wurm dem Holze, weil sie alle Zierde der= jenigen, deren Seele von innen aus geschmückt wird, in denen sich eine geistige innere Werkstatt der Tugend erhebt, annagt. Freuet euch im Herrn, wiederum sage ich, freuet euch! euere Bescheidenheit sei bekannt euerm ganzen Convente! Leget und verberget das Oel der Freude in euer Gewissen, und stets wird es euch ein erfreuliches Zeugniß sein. Wenn ihr alles Gute thut und die Stolzen euch hierüber schmähen, und ihr keinen äußern Richter für euere guten Thaten, sondern bloß Gott allein über euch und euer Gewissen in euch als Richter habt, dann werdet ihr nach Weise der klugen Jungfrauen zugleich mit den Lampen auch Oel in euer Gefäß erhalten. Jene Gefäße nämlich, welche die klugen Jungfrauen trugen, enthielten, was in den Augen der Menschen nicht leuchtet, z. B.: verlacht werden, wenn man Gutes gethan hat; ohne Dank, ohne Bekanntsein, ohne Hoffnung auf Wiedervergeltung dem Nächsten wohlthun; gegen Feinde und Verfolger in keinem Stücke, nicht einmal in Miene und Wort Rache zeigen; dann, wenn man etwas kann, scheinen als ob man es nicht könne; allen Schmerz, Strafe und Schwachheit ohne Klage, ohne sie zu offenbaren, ohne Murren ertragen; seine guten Thaten verbergen, seine Fehler öffentlich bekennen, unwissend und geringfügig sich schätzen auch in jenen Dingen, wo man sich zeigen könnte."

Nach einer Ermahnung zum Bleiben und einer geschäftlichen Mit= theilung schließt Gerhard: „Vale, valens in valore omni, Jesu Christo domino nostro" [132]).

Der Novize legte Profeß ab, was er Gerhard meldete. In seinem Antwortschreiben drückt dieser seine Freude aus [133]) und sagt dann: „Wisse, daß der Mensch, wo in der Welt er auch sein mag, Hindernisse haben wird; Einige ziehen ihn vom Guten ab, Andere hindern das Gute oder stören ihn darin. Es gibt keinen Ort auf Erden, mit dem nicht Versuchungen verknüpft sind. Es gibt keinen Ort und keinen Orden, welcher den Menschen ohne Kampf dienen und leben läßt. Denn das ganze Leben des Menschen auf der Erde ist ein Kriegsdienst, und wie der versuchende Geist, so sind auch die Versuchungen und die Genossen des Versuchers, nämlich die schlechten Menschen überall. Nehmet also euch Schwert, Schild und Krieg." Dann ertheilt Gerhard seinem Schüler eingehende Weisungen, wie er sich gegen solche Mönche zu ver= halten habe, welche Privateigenthum besitzen. Er soll über sie innerlich nicht ergrimmt sein. „Quid ad vos, quod alii habent propria? hoc non laedit vos." Er sei nicht aufgestellt als Reformator und Aufseher. Wenn Andere bessere Kleider tragen, darum friere er nicht, wenn sie besser essen, darum hungere er nicht. Er soll die Proprietarier nicht verachten, sie nicht ermahnen und verweisen. Solche Ermahnungen kommen selten aus reiner Absicht, nützen nichts und stören den Frieden" [134]). Er soll sich in nichts einmischen, was ihn nicht angeht, und namentlich nicht in weltliche Gespräche und in Fragen, ob die Ordensstrenge von diesem und jenem gehalten werde. „Miserere animae tuae, non, dicit sapiens, alienae placens deo!" Schließlich macht Gerhard noch auf= merksam, daß auch die Prälaten in vielen Stücken dispensiren könnten, und nicht alles, was die Regel enthalte, verpflichte im Gewissen [135]).

Später litt Gerhard's Pflegebefohlener wiederum an allen möglichen Versuchungen; er war ein Scrupulant, der überall Gewissensängste und Schwierigkeiten fand. Auch jetzt nimmt sich der Meister abermals seiner an: „Mein in Christo geliebter Bruder. In euern Versuchungen haltet es für lauter Freude, sagt der Apostel (Jacobus 1, 2 und 12), wenn ihr in verschiedene Versuchungen fallet. Glücklich, wer Versuchungen erduldet, da er nach seiner Bewährung die Krone empfangen wird. Niemand wird gekrönt, nach dem Apostel, der nicht gesetzmäßig gekämpft hat (2. Timoth. 2, 5). Aber Niemand streitet, der nicht angreift oder an= gegriffen wird. Wie in einem irdischen Kampfe nicht bloß Kraft und Tapferkeit, sondern auch Klugheit und Kriegskunst von nöthen ist, so ist auch im geistigen Kampfe beides von nöthen, nämlich Tapferkeit und Weisheit, und beides in Christus, welcher Weisheit und Tapferkeit ge= worden ist, welcher der gebenedeite Herr, unser Gott ist. Vor allen Dingen scheint es mir für dich passend, daß du geistig heiter bist, denn Trauer, Kleinmuth und Einsamkeit, wenn viel derart zusammenkommt, machen

einen Menschen melancholisch, wie Hippokrates in seinen Aphorismen
sagt. Und alle deine geistlichen Uebungen, mögen sie nun in Lesung
oder in Wachen bestehen, sollst du mit weiser Mäßigung anstellen. Vor=
züglich trage Sorge, daß du gut schläfst und zwar ohne Gewissensbisse
zum wenigsten sieben Stunden oder auch acht, wobei noch ein wenig
mehr Tags oder Nachts erlaubt ist. Merkwürdig leidet ein schwacher
Kopf durch allzu große Nachtwachen. Mit irgend einem süßen Worte
und einem heiligen Gedanken, den du entweder durch eigenes Nachdenken
gefunden oder kurz gelesen hast, suche dein Lager auf, und über die kleinen
Mängel, ob du z. B. deine ·Horen schlecht oder still gelesen hast, sei
nicht besorgt. Es sollen dir deine Fehler mißfallen, aber dich nicht
beängstigen und verwirren. Aber dies gilt nicht für Andere, welche muthiger
und zu kräftigeren Thaten geneigt sind. Versuche nicht unmögliche und
hohe Dinge, wie da sind: feste Gedanken haben und alles vollkommen erfüllen
zu wollen; denn wenn Jemand über sein Ziel hinaus strebt, so erschöpft
oder bricht er oft seine Kräfte, und wenn er dann sein Ziel nicht erreicht,
so fühlt er sich beängstigt, schwach und kleinmüthig." Nach einigen
praktischen Rathschlägen über die Pflege der körperlichen Gesundheit heißt
es weiter: „Dies halte durchweg fest, daß du nichts Besseres und Richtigeres
thun kannst, als alle Phantasieen, auch wenn sie noch so abscheulich,
noch so sehr gegen den Glauben gerichtet und noch so entsetzlich sind,
nicht zu beachten, dir nicht als Sünde anzurechnen, sondern vielmehr für
nichts zu achten und sogar zu verachten. Dann wird der Feind zweifels=
ohne fliehen, wenn du ihn und seine Einflüsterungen verachtest. Er ist
nämlich sehr stolz und erträgt es nicht, daß er verachtet und gering
geschätzt wird. . . . Vertraue sicher, daß du unschuldig bist, und ohne
jede Schuld deinerseits in dir dieses vorgeht, gerade so unschuldig wie
die Fliegen, welche vor deinen Augen gegen deinen Willen vorbeifliegen.
Je mehr Jemand mit einem Unreinen kämpft oder den Unreinen berührt,
um so fester bleibt die Unreinigkeit hängen und um so weiter exponirt
er sich. Wer Pech anfaßt, besudelt sich. Hinein schauen, denken und
erwägen, oder unreine Gedanken behandeln wollen, oder bei ihrer
Behandlung ihnen widerstehen wollen, oder sie vertreiben, theilen oder
beschwichtigen wollen, ist nichts anderes, als Unreines berühren und sich
beschmutzen. Wer mit einem Schlauern disputirt, wird gefangen, und
wer mit einem Spitzfindigern und Tapferern kämpft, wird zu Boden
geworfen und besiegt, besonders ein schwacher und leicht zu bösen
Phantasieen angelegter Mensch. Durchweg also ist es ein sicheres Mittel,
diese Gedanken auf jede Weise zu verachten, ja nicht einmal zu beichten,
besonders nicht einzeln und mit ihren nähern Umständen, weil sonst
der Mensch in sie verwickelt wird und Unreines berührt; sondern bloß im

Allgemeinen kann man sie beichten, ungefähr folgendermaßen: »Viele schlechte Gedanken beschleichen mich und ich lasse mich mehr auf sie ein, als ich darf, und ich verachte sie nicht so, wie ich müßte, und ich verstopfe nicht meine Ohren, wie ich müßte,« und ähnlich. Wer die bösen Gedanken so erwägt, daß er sie einzeln beichten kann, der befleckt sich, wie gesagt ist; ja, er wird über keine Beichte zufrieden sein, da man wegen Scham, Aengstlichkeit, Anzahl und Verschiedenheit sie nicht vollständig sagen kann. Selbst beim Beichten und Nachdenken über dieselben wächst die Furcht und Angst unserer Seele, welche dann den Frieden, der aus der Beichte hervorgehen soll, vertreiben. Derjenige, der sie beichten will, will sie auch abschätzen und vergrößern; er will, daß sie gehört werden und daß er sie höre, und dieses widerstreitet den wahren Heilmitteln, welche sind: sie verachten, gering schätzen, die Ohren vor ihnen verstopfen und verstummen. . . . Andere Heilmittel, wie Gebet, nicht sehr lang, aber sehr glühend, die Fürbitten der Klostergenossen, die Rathschläge der Weisen, die Anrufung der Heiligen und ähnliche, kannst du von selbst oder durch die Deinigen hinlänglich finden" [136]).

In ähnlichen Gewissensängsten schreibt Gerhard seinem Freunde Johannes Cele, welcher seit Jahren sich mit dem Gedanken trug, in den Franciscaner-Orden zu treten [137]). „Bruder und Freund! Sei froh im Herrn, diene stets dem Herrn in Freude; freue dich, und wiederum sage ich, freue dich. Erwäge oft das Wort: Gott züchtigt die, welche er liebt, und schlägt die, welche er annimmt. Halte es für ganz sicher, daß jene Gedanken an dein Versprechen [138]) Einflüsterungen des Satans sind, da ja der Satan gemäß göttlicher Zulassung die Gewalt hat, deine Phantasie zu verschiedenen Gedanken aufzuregen und solche Furcht, zu geloben, oder gelobt zu haben, einzuflößen . . . Daher sage es stets und halte dafür, daß es der Teufel ist, welcher innerlich zu dir spricht, und daß du der Sprechende nicht bist, und wenn er dich von irgend einer Sache abzieht, wie z. B. von der Lectüre deiner Vorsätze oder Aehnlichem, so thue stets das Gegentheil davon. O, daß du es verständest, zur Verachtung des Versuchers stets das Gegentheil zu thun und zu glauben! Stolz ist er, Verachtung kann er nicht dulden" [139]).

An Heinrich Klingebiel [140]), welcher später sein Beichtvater und dann erster Mönch in Windesheim wurde, schrieb Gerhard folgende Worte über die Würde des Priesterthums und den priesterlichen Lebenswandel.

„Geliebter in Christus! Derjenige allein, welcher dein Freund in Christus ist, ist es dir in Wahrheit. Jede Freundschaft und jedes Verhältniß, obgleich sie theuer und sehr innig sind, sind ohne Vereinigung in Christus eitel und schließlich ohne Lohn. O, daß doch Alle es einsähen und verständen und für die letzten Dinge sorgten! Ich rede dich nicht an, mein Freund, als einen von den schlechtesten Priestern, welche keine Erkenntniß wollen, um gut handeln zu können, welche Gott und Menschen nicht fürchten, welche entweder im Concubinate oder unkeusch leben, ehrsüchtig, mit Simonie befleckt, Trinker, Geizhälse oder Höflinge sind, sich mit weltlichen Geschäften abgeben oder sonst in offenkundigster Weise sehr schlecht sind. Nicht als solchen rede ich dich an, nicht als solchen, sondern als Einen, welcher von den gröbsten Fehlern frei ist, als guten Weltpriester; um so zu sagen, ich halte dich für Einen, der den breiten Weg wandelt. Ich bitte dich, bedenke es, wenn viele aus dem Volke, welche den breiten und leichten Weg wandeln, gemäß dem Ausspruche Christi dem Tode entgegen gehen, werden dann die Priester, welche zum Einschlagen des geraden und engen Pfades um so mehr verpflichtet sind und dennoch den weiten und bequemen Weg wandeln, nicht um so tiefer in den Tod rennen? Wer im Priesterstande lau, weder kalt noch warm ist, wird ohne Zweifel, wie in der Apocalypse 3, 16 geschrieben steht, vom Herrn ausgespieen. Wehe dir und allen Priestern, Streitern Christi, wenn sie nicht der Vorschrift gemäß kämpfen, da nur der, welcher also kämpfet, gekrönt wird (2. Timoth. 2, 5). Gib Obacht, ich bitte dich, du Streiter Christi, du Auserwählter des Herrn, du Priester, wenn du gegen die Befehle Christi in deinem Stande dienst, dienst du ohne Zweifel dem Teufel und wirst mit ihm gepeinigt. Wenn du, da du Priester bist, Kriegsdienste gemäß dem Befehle unseres Feldherrn zu leisten wünschest, so wisse, daß du dies nicht kannst ohne große und beständige Arbeit alle Tage, ohne Leiden, Bedrängnisse und Gefahren. Weit ab von dir sei daher der gewöhnliche Müßiggang der Priester, weit ab weltlicher Lebenswandel und Befleckung mit der Welt. Wenn du diese meiden willst, so bleibt dir nichts anderes übrig, als daß du den alten Menschen ausziehest und den neuen anlegst, welcher nach Gott geschaffen ist, in Heiligkeit und wahrer Gerechtigkeit, daß du nicht dieser Welt dich gleichförmest, sondern in deinem innersten Herzen erneuert wirst zur Erkenntniß Gottes. Wollet nicht, sagt der heilige Johannes (I. 2, 15), die Welt lieben, noch das, was in der Welt ist, sondern es möge dir die Welt und du der Welt gekreuzigt werden (Gal. 4, 14). Um dies aber zu vollenden, ist eine so große Abgeschiedenheit, eine so große Klugheit, eine so große Anstrengung und Ueberwindung nothwendig, daß sie den ganzen Menschen erfordern und alle Zeit in Anspruch nehmen. Das ist die Ursache, warum so wenige zu diesem Ziele gelangen; das ist die Ursache, warum der Priester, welcher dem Gesetze Christi gemäß in der Welt leben will, so viele Bücher, so viele Lehren und so viele Schriften nothwendig hat, um dieses ergreifen und vollenden zu können. . . .

„Du haſt alſo die Wahl zwiſchen zwei Dingen. Entweder verwalteſt du dein Amt nachläſſig, leichtfertig, oberflächlich und haſcheſt dabei nach Menſchengunſt: dann übſt und verwalteſt du dein Prieſteramt und deinen Stand zur Zufriedenheit der gewöhnlichen Menſchen, aber du wirſt dann der Elendeſte, Traurigſte und Verdammungswürdigſte ſein. Oder du verwalteſt daſſelbe Amt dem Auftrage Chriſti gemäß, was nicht ohne große Mühe, Schwierigkeit und Gefahren geſchehen kann. Du mußt alſo die Mühen, Schwierigkeiten und Gefahren als dir gehörig umfaſſen, wenn du dem Geſagten, nämlich dem Elende, der Troſt= loſigkeit und der Verdammung, entgehen willſt. Laß dich nicht täuſchen durch den leichtſinnigen und leichtfertigen Wandel der gewöhn= lichen Prieſter, welche nach dem Wohlgefallen der Menſchen leben. Laßt ab von ihnen, ſpricht der Herr, ſie ſind blind und die Führer der Blinden (Matth. 15, 14). Denn in der That, zu unſern Zeiten ſind dieſe blinder als Räuber und Hurer, von denen ich glaube, daß ſie im Himmelreiche, d. h. in der Kirche, jenen weit vorgehen werden und viel weniger Strafe verdienen. Thut nach ihrer Lehre, aber nicht nach ihren Werken, ſpricht der Herr (Matth. 23, 3). Aber wehe, ſchon gibt es Prieſter, welche weder gut handeln noch gut lehren, ja welche ſogar den Gutesthuenden entgegen ſind und widerſtehen, vor Allen aber den Laien.“

Nach Anführung einiger Stellen aus Hieronymus und Bernard heißt es weiter: „Dieſes ſchreibe ich dir alſo aus dem Grunde, damit die Hand der Sünder dich nicht berühre, damit du nicht nach der Art der meiſten Prieſter denkeſt, daß die gewöhnliche Lebensweiſe, welche ſchon die abſcheulichſte iſt, zur Erreichung der Seligkeit für dich genügend ſei, du dürfeſt weichlich und behaglich leben, wie ein Weltmann, und du könnteſt das ewige Leben ohne Mühe, ohne Schwierigkeit und ohne geiſtliche Geſinnung erreichen. . . . Ich bitte dich, iſt das Leben der Prieſter ſchlechthin, ich rede von der Mehrzahl, etwas anderes' als ein Leben des Fleiſches, als ein Leben der Welt? Darum liebt ſie die Welt auch ſo, weil ſie von der Welt ſind, und weil ſie die Werke der Welt thun und üben. Wenn ſie nicht von der Welt wären, würde ſie die Welt nicht lieben; aber weil ſie von der Welt ſind, darum haßt ſie die Welt nicht, noch verfolgt ſie dieſelben, ſondern ſie liebt dieſelben (Joh. 15, 18 ff.). Glückſelig der Prieſter, welcher nicht geht in die Verſammlung der gottloſen Prieſter, der auf dem Wege ſolcher nicht wandelt (Pſ. 1, 1 ff.), wenn er auch in verfloſſenen Zeiten dieſelben gegangen und daſelbſt gewandelt wäre. Glückſelig, wenn er nicht bei ihnen blieb und ſich ſchnell von ihnen entfernte, wenn er auf ihrem Laſterſitze, d. h. der tödtlichen Höhe und dem giftigen Stuhle fleiſchlicher

Ruhe, nicht faß, d. h. beständig ruhte. Fliehe, fliehe! Zerreiße die Banden derselben und wirf ab von dir ihr Joch. Denn der im Himmel thront, lacht ihrer und der Herr verspottet sie (Psalm 2, 4). Zieh' fort aus der Mitte derselben und beflecke dich nicht mit dem Unreinen (Isaias 53, 11). Eile zu den Orten, in welchen das Blut Christi noch glühend macht, an welchen wenigstens einige Priester wohnen, welche die canonischen Satzungen beobachten, das Leben der Heiligen kennen und nachahmen, bis Christus in dir Gestalt gewinnt, bis du, geistlich ausgerüstet, in Mitten eines gottlosen Volkes in Gottes Augen würdig wandeln, die feuerigen Pfeile des Satans, der Welt und des Fleisches durch die geistlichen Lehren und Gnadengaben des Glaubens kennen und vertreiben kannst" [141]).

In welcher Art Gerhard die Reform der Klöster wollte, zeigt uns sein längerer Brief an den neugewählten Abt des friesischen Cistercienser- klosters Klarenkamp, in welchem er namentlich gegen den Privatbesitz der Mönche eifert. Das Schreiben bildet somit ein Gegenstück zu der Predigt über die Armuth und ist das Programm, nach welchem Gerhard's geistige Söhne und Enkel die Klöster reformirt haben. „Meine demüthige Empfehlung in Christus zuvor! Vater und ehrwürdiger Herr! Es war für mein Herz eine Freude im Herrn, als ich vernahm, daß Ihr Prälat des Klosters Kampen geworden seid, nicht deswegen, weil es mir unbekannt sei, daß eine schwere Last Euern Schultern auferlegt sei, nicht deswegen, weil ich nicht gewußt hätte, daß Euch für verschiedene Klöster und Personen, vorzüglich zur Ehre Gottes und zum Heile der Seelen und in zweiter Linie für Erhaltung der zeitlichen Güter, pflichtmäßig und in Folge des gewöhnlichsten Dienstes die tägliche Sorge und beständige Beschäftigung obliege; hierüber lächele ich vielmehr heitern Muthes mit der Sara, und Jeder, der dies annimmt, möge mit mir auch selbst im Geiste lächeln, da du erwählt bist gegen Aller Erwartung, d. h. gegen die gewöhnliche Art und Weise, wie viele gegenwärtige Bischöfe und Aebte gewählt sind, welche nicht zu nützen, sondern zu herrschen, nicht zu dienen, sondern bedient zu werden trachten, welche sich und das Ihrige suchen, nicht auf Gott und das Heil der Seelen bedacht sind, welche nach den Grundsätzen der Welt und der Fürsten der Finsterniß wandeln. . . .

„Ihr wundert Euch vielleicht, welche Götzendiener ich meine, die Ihr vertreiben und fliehen müßt. Ich antworte, daß die Mönche oder Re- ligiosen, welche Eigenthum besitzen, große und sehr große Götzendiener sind. Denn wenn es nach dem Apostel unfehlbar gewiß ist, daß Geiz ein Götzendienst sei, folgt dann nicht ganz richtig, daß die Geizhälse Götzendiener sind? Solche sind die Proprietarier unter den Religiosen, welche weder die Erlaubniß oder die Macht des Abtes, noch des Bischofs und des Papstes, noch irgend eine Gewalt auf Erden entschuldigen kann. Diese will die Kirche gerade wie heidnische Götzendiener betrachtet, mit sehr häufiger Ermahnung und Excommunication bedacht wissen. Damit der Abscheu vor ihnen alle Lebenden ergreift, so haben sowohl die canonischen Satzungen als auch die h. Väter geglaubt, daß ihren Leibern das Begräbniß nicht bloß außerhalb des geweihten Ortes, sondern sogar in einer abscheulichen Düngergrube unter Hinzufügen der Verfluchung zukomme" [142]).

„Schrecklich ist es, solches zu hören, schrecklicher, es zu sehen, am schrecklichsten aber, es zu dulden. Hieraus kann man auch einigermaßen schließen, welche Qualen, obgleich sie unschätzbar sind, den Proprietariern im zukünftigen Leben bereitet werden. O, Eigenthum am Mönche, wie schrecklich bist du! O, ungeheuerer Geiz an dem, dessen Wesen es ist, arm zu sein. Denn Mönch oder Religiose sein, heißt arm sein. Die Armuth ist dem Ordensstande und Mönchsthum wesentlich. Daraus folgt, daß der Besitz eines Obolus nicht bloß Geiz beim Mönche ist, sondern auch das Sein und den Werth des Mönches aufhebt. Daher ist es bei den Vätern ein häufiges Sprichwort: »Der Mönch, welcher einen Groschen besitzt, ist keinen Groschen werth.« Aber wehe, viele finden sich, welche die Wissenschaft Gottes nicht haben, welche die Marksteine, welche unsere Väter setzten, überschreiten, welche Proprietarier mit der Kenntniß oder Erlaubniß des Abtes oder des Obern und andern gemachten Gründen entschuldigen und bemänteln wollen. . . . Wehe der Welt, wehe den Klöstern wegen dieses Aergernisses! Aber doppelt wehe, ja vielfach wehe demjenigen, durch welchen dieses Aergerniß in die Klöster eintritt oder durch welchen diese Ungerechtigkeit verlängert oder vermehrt, erlaubt oder gestärkt, bemäntelt oder entschuldigt wird.

„Deswegen, geliebter Vater, ermahne ich Euch im Herrn, auf die Austreibung dieses Götzendienstes vom Haupte des Klosters in Kampen mit ganzer Seele, klug und weise, und wie es die Schwäche der Brüder und der Menge erfordert, ohne Unterlaß bedacht zu sein, so daß dieses, zum Heile durchaus nothwendige. unvermeidliche und unschätzbare Gut sich allmälig in die übrigen Glieder, welche dem Haupte unterstehen, ordnungsmäßig und passend ergieße oder herabsteige.

„Und obgleich dieses einigen wegen der eingebürgerten Gewohnheit schwer zu sein scheint, so weiß Gott dennoch nach meinem Dafürhalten, wie ganz leicht es einem treuen Prälaten und klugen Verwalter ist, der nicht sein Wohl, sondern mit dem Apostel das Heil Vieler sucht. Ich meine schon, daß man Kranken Oel aufgießen müsse, aber nicht ohne Wein. Ich meine das Oel einer freigebigeren Verwaltung in Bezug auf die Gesammtheit, das Oel der Erquickung bei Euern eigenen Ausgaben und Euerm Geleite, das Oel sanftmüthiger und süßer Ermahnung, den Wein der Drohung, den Wein der Entziehung unpassender Kleidung und Nahrung, den Wein der Wegnahme eigener Gelder und Einkünfte, den Wein der Excommunication; Oel für die Bereitwilligen und Belehrbaren, Wein für die Harten und Verhärteten; das Oel der Liebe, Freundschaft, Ehre und Beförderung für die Einzelnen, welche die Armuth üben und gehorsam sind, den Wein der Strenge, Härte und Unterdrückung für die widerstrebenden Proprietarier.

„Ich glaube, man soll ihnen nicht bloß zeigen, wie gefährlich es sei, in Rücksicht auf die Tugenden und das ewige Heil, Privateigenthum zu besitzen, sondern auch, welche große zeitliche Uebel, wie Uneinigkeit, Streit, Entzweiung, Ungehorsam, Herumschweifen und Ausgelassenheit, Schmauserei, Betrunkenheit, Zerstreuung und ähnliche Dinge ohne Zahl, meistens jedoch Armuth der Gemeinschaft selbst, aus dem Privatbesitz entstehen. Es soll auch erklärt werden, daß dann, wenn alles in die gemeinsame Kasse gelegt und abgeführt würde, viele große Güter, ein wahres Ordensleben, friedliche Ruhe und Ueberfluß an allem Nothwendigen daraus entspringen würden. Es ist mir bekannt, daß von dem Privatbesitz und von den Proprietariern alle Uebel und ganz besonders die Verarmung und die Dürftigkeit an zeitlichem Gut, an Reichthum und gutem Namen kommen. . . .

„Daher stammt die Armuth der Klöster mit vielen Uebeln im Gefolge. Woher Streitigkeiten, Entzweiungen und Uneinigkeiten nicht bloß in den Klöstern, sondern auch in der ganzen Welt, wenn nicht von den Fürwörtern »Mein« und »Dein«? Wie viel Ränke, Haß, Streit und Schädigungen, wie viel Unzufriedenheit und Verleumdung, wie viele scheele und fürchterliche Augen wegen der innern bösen Gesinnung zwischen Vätern und Brüdern aus der ungleichen Bedienung, Kleidung und Nahrung kommen, werdet ihr selbst schon oft erfahren haben. Wie große Uneinigkeit und Trennung in Gesinnung und Wort es macht, daß, wo die Klosterleute zwar Brüder und Schwestern, oder in gleicher Weise arm sind, ihre Kleider, Behälter und Schüsseln aber nicht Schwestern, sondern so verschieden und ungleich sind, läßt sich gar nicht abschätzen. Daher stammt von den Schüsseln, Kleidern und den so ungleichen eigenen Reichthümern ein so uneiniges und verschiedenartiges Leben in den Klöstern! Dieser ist reich, jener arm, dieser fett, jener mager, dieser dürstet, jener ist betrunken, dieser ein Engel, jener ein Teufel. . . .

„An die Welt und an die Blutsverwandten hängen Mönche ihre jährlichen Renten, und die Güter empfangen sie zu ihrem eigenen und nicht zum allgemeinen Gebrauche entweder öfters oder ein Mal des Jahres; sie schweifen umher, verkaufen, kaufen und tauschen Dinge für sich um, ohne Rücksicht darauf, was dem ganzen Kloster und Vielen nützt, sondern sie dienen bloß sich und ihrem Vortheile. . . . Wird solchen nicht mit Recht das Licht der göttlichen Gnade entzogen, so daß sie gleichsam am Mittag herumtappen in der Finsterniß; daß sie sehend nicht sehen, und verstehend nicht verstehen, da Gott sie walten läßt nach den Wünschen ihres Herzens? Dann steckt das schändliche Leben auch die Nächsten an; weder in ihnen wohnt Heiligkeit, noch in ihrem Aeußern leuchtet das Beispiel des Guten und die Ehre des Herrn. Sie sind bloß Unge= heuer, nach außen bekleidet mit einem Schafpelze, nämlich dem Ordens= kleide. Gleichsam an ihren Früchten wird dieses von den Fürsten der Erde und dem gemeinen Volke erkannt, welche ihre ehemals gegen die Klöster so freigebigen Hände, reichlichere Almosen, Schutz und Vertheidigung zurückziehen. O, möchten sie bloß ihre Hände zurückziehen und nicht durch verschiedene Bedrückungen, Auspressungen und Ab= gaben die Klöster und die Klostergüter belästigen! Möchten die Fürsten und Richter des Landes doch nicht durch Gewalt, mit bewaffneter Hand und mit List die Klostergüter rauben und an sich ziehen, sie, die ehemals, als die Klöster noch aus gemeinsamer Küche lebten, ihre ganzen sehr reichen Patrimonien zu Ordenszwecken gaben und ausgaben! Den Pro= prietariern und den Uebeln, welche daraus folgen, nicht der Schlechtigkeit der Zeit und dem Greisenalter der Welt muß dies zugeschrieben werden! Sie mögen sehen, wie die Klöster der Carthäuser und anderer Orden, der Cistercienser, Prämonstratenser und Regular=Canoniker, welche keine Proprietarier haben, leben, wie sie auch in dieser Zeit geliebt, dotirt und vertheidigt werden von den Schlechten und den Fürsten des Landes [143]). Daher sind die reichen Proprietarier so arm in Rücksicht auf die alten armen Väter, welche bei gemeinsamem Besitz so reich waren [144]). Die Ver= armung der Klöster tritt hinzu, weil schon in den meisten die Laien ihre Erbschaften nicht mehr an ihre Söhne oder Töchter, welche Mönche oder Nonnen sind, oder an ihre Klöster fallen lassen, wie doch die göttliche Gerech= tigkeit und die Rechte es verlangen, sondern weil sie beim Eintritt der= selben in's Kloster oder in ihrem Testamente etwas zum bestimmten Nutzen ihrer Töchter und Söhne, nicht aber zum gemeinsamen Nutzen des Klosters sofort, jährlich oder zeitlebens bestimmen. Hierdurch nehmen sie dieselben von aller zukünftigen Beerbung der Eltern und Verwandten aus. Wenn die Vorsteher oder Vorsteherinnen nicht beständig danach hinarbeiteten, daß sie dies erhielten und an sich zögen, weil sie einen mäßigen und gegenwärtigen Gewinn, obgleich sehr häufig mit Simonie und der Verletzung des Armuthsgelübdes befleckt, höher schätzen als die größten zeitlichen Güter, welche gerechter Weise und nach Gottes Willen in Zukunft ihnen zufielen, so hätte niemals die Gewohnheit, nicht zu beerben, sich so einschleichen und die Oberhand gewinnen können; aber auch nicht jenes Verderbniß, daß man alle Weltleute, welche körperlich mißgestaltet oder untauglich, oder schwachsinnig sind, nicht gleichsam als ein wohlgefälliges Opfer Gott darbringt, sondern sich dadurch der eigenen Last entledigt, die Klöster nicht ehrt, sondern beschwert, gleichsam als ob jener und jene, welcher oder welche zum Ehestande nicht taugt oder des väterlichen Gutes unwürdig ist, in ein Kloster zu verstoßen sei [145] . . . . .

"Was soll man daher über jene Nonnenklöster sagen, wo nur Töchter der Reichen oder der Adeligen Aufnahme finden, wo sie nur gegen bestimmte Summen aufgenommen werden? Ausgeschlossen werden die Klugen, ausgeschlossen die Frommen, ausgeschlossen die Tauglichen, wenn sie arm sind! Die Armuth gereicht zur Schuld, die Armuth wird verachtet von jenen, welchen die Liebe zur Armuth vorgeschrieben ist. Und warum so? Sicher weil sie reich sein wollen, weil sie die Aufgenommenen von ihrem Eigenthume und in Privatbesitz ernähren wollen. Schon wenn sie Aspirantinnen aufnehmen, machen sie dieselben zu Proprietariern [146]. Daher entsteht für das gesammte Kloster, wie schon gesagt ist, eine so enorme Armuth und Dürftigkeit."

Nach eindringlichen Ermahnungen, welche ganz in biblischen Ausdrücken gegeben sind, diesen Krebsschaden in seinem Kloster gründlich auszuschneiden, schließt Gerhard:

"Entschuldiget, theuerster Vater, wenn ich etwas Euch vorgetragen habe, was hart scheint. Gott weiß, was wahr und für Euch nützlich ist. Die Liebe zu Euch zwingt mich, die Wahrheit vertrauensvoll zu sagen. Entschuldigt auch wegen der Schrift, denn der geringe Schreiber und schlechte Kalligraphe ekelte sich vor dem Abschreiben" [147].

Hiermit glaube ich mehr als genug über und aus Gerhard's Briefwechsel mitgetheilt zu haben. Die Proben lassen erkennen, in welcher Weise unser Meister das innere Leben des einzelnen Menschen und der gesammten Gesellschaft zu heben bemüht war. Die Zahl der Briefe, ihre Adressaten und ihr Umfang bestätigen uns das Wort des Thomas: "paratus etiam illos instruere, quos corporaliter adire et oretenus informare non potuit." Wo Gerhard nicht hingelangen konnte, dahin sandte er Briefe. Von allen Seiten wurde er in Anspruch genommen und für Alle hatte er Rath. Sein Briefwechsel läßt uns am besten seinen Einfluß ahnen, den er selbst über Holland und die Utrechter Diöcese hinaus ausübte.

Gerhard's gesammte literarische Arbeiten sind immerhin ziemlich um=
fangreich. Es muß uns auffallen, wie ein Mann bei so angestrengter
Predigtthätigkeit in drei Jahren, denn auf diesen Zeitraum drängen sich
alle seine Schriften zusammen, so vieles leisten konnte. Gerhard schrieb
eben eine schnelle Feder [148]).

7. Die Brüder und Schwestern vom gemeinsamen Leben.

Wie bereits erwähnt ist, hatte Gerhard eine größere Anzahl Scho=
laren aus den obern Klassen der Stadtschule in Deventer und junge,
der Schule bereits entwachsene Kleriker als Schreiber in seinem Solde
stehen, für welche er nicht bloß der Brodvater, sondern auch der geistige
Ernährer und Seelenführer war. In der Ausübung dieses Amtes stand
ihm Florentius Radewin treu zur Seite, und je mehr Gerhard mit der
Verkündigung des göttlichen Wortes beschäftigt oder durch eigene schrift=
stellerische Thätigkeit von der ständigen Sorge für seine Scholaren ab=
gezogen war, um so mehr nahm sich Florentius ihrer an und lenkte in
Gerhard's Abwesenheit das ganze Schreibergeschäft.

Eines Tages [149]) nun trat er vor Gerhard hin mit den Worten:
„Vielgeliebter Meister, was würde es schaden, wenn ich und diese Kleriker=
schreiber, welche schon guten Willens sind, unsere wöchentlichen Ausgaben
zusammenlegten und in Gemeinschaft zusammen lebten?" „Gemeinschaft,
Gemeinschaft!" erwiderte Meister Gerhard. „Jene vom Bettelorden
werden dies keineswegs dulden, sondern mit allen Kräften zu widerstreben
und Widerstand auf jeden Fall zu leisten suchen." Ihm erwiderte Flo=
rentius: „Was würde es aber schaden, wenn wir doch beginnen würden?
Vielleicht würde uns Gott gute Fortschritte machen lassen?" Da besann
sich Gerhard eine Zeit lang und sprach: „Im Namen des Herrn fanget
an. Ich werde euer Vertheidiger und treuer Schirmer gegen Alle sein,
welche sich gegen euch erheben und euch in euerm Vorhaben zu hindern
trachten." So wurde ein gemeinschaftliches Leben der gesammten Schreib=
stube begonnen. Alle Einnahmen, welche für Abschreiben in der Woche
eingingen, flossen in die gemeinschaftliche Kasse, aus welcher hinwiederum
alle Ausgaben bestritten wurden. Das Zusammenziehen in ein Haus
wird nicht erwähnt, muß also bereits Thatsache gewesen sein. Das Haus
war nur gemiethet; erst 1396 war es durch Spenden mildthätiger Leute
möglich, ein eigenes Haus zu erwerben [150]).

Es galt nun, für die Gemeinschaft eine Lebensregel und Hausordnung
zu entwerfen. Beides that Florentius unter Beirath des Gerhard. Alle
Einwohner des Hauses versprachen ihm dann als ihrem Obern Gehorsam

und Bleiben für das ganze Leben. Gelübde im eigentlichen Sinne konnte man nicht ablegen, da die neue Congregation als kirchliches Institut noch keine Anerkennung vom apostolischen Stuhle hatte. Weiterhin mußte jedes Mitglied der Vereinigung geloben, für die Erwerbung des gemeinsamen Lebensunterhaltes durch Handarbeit, besonders durch Schreiben, zu sorgen. Hierdurch wollte man das Leben der ersten Christen, „das Leben der Vollkommenheit und Nachfolge Christi" erneuern. Principiell unterschied sich die Vereinigung in ihrer äußern Erscheinung von den damaligen Klöstern dadurch, daß der eigene Erwerb des Lebensunterhaltes die Grundlage bildete, während in jenen die directe Gottesverehrung, das Gebet und der religiöse Unterricht den praktischen Zweck bildeten und der Unterhalt aus dem Vermögen des Klosters oder den Gaben der Gläubigen floß. Das Betteln und Almosensammeln verabscheute Gerhard; ein Mann sollte sich selbst den Unterhalt erwerben. Als Vorbild stellte er seinen Schülern den h. Paulus hin, welcher auch gearbeitet habe [151]).

Ehe ich nun die Geschicke der Fraterherren weiter erzähle, muß ich den Leiter derselben, Florentius Radewin, etwas näher schildern. Wir besitzen eine ziemlich eingehende Charakteristik dieses ehrwürdigen Mannes aus der Feder eines seiner Schüler, des Thomas von Kempen [152]). Florentius, der Sohn des Radewin, 1350 in der holländischen Stadt Leyderdam geboren, hatte seine Studien in Prag gemacht, woselbst er auch den Magistergrad erwarb, und hatte dann ein Canonicat in Utrecht erhalten. Gleich beim ersten Auftreten Gerhard's besucht er ein Mal dessen Predigt in der Frauenkirche zu Deventer, und siehe, Gerhard's Wort zündet. Unmittelbar nach der Predigt sucht er den Meister auf, hat ein langes Gespräch mit ihm und ist dann ganz für seine Ideen: „contemptus saeculi et imitatio humilis vitae Jesu Christi" gewonnen. Florentius legt sein Utrechter Canonicat nieder und wird Vicar der Stiftskirche des h. Lebuinus in Deventer, um ständig bei Gerhard sein zu können. Von nun an sind sie unzertrennliche Genossen [153]).

Florentius war ein Mann von heroischer Demuth und Weltverachtung. So weit er konnte, unterdrückte er seinen Magistertitel, kleidete sich in ein einfaches graues Gewand, das meistens sehr abgetragen war, und vermied alles, was irgendwie hätte Aufsehen erregen können. Um ja nicht irgend welcher menschlichen Ehre theilhaftig zu werden, ging er selten aus, mußte er aber das Haus verlassen, so ging er schnell und mit niedergeschlagenen Augen. „Auf dem Wege zur Kirche betete er innerlich oder betrachtete, je nachdem es ihm der h. Geist eingab." Im Chore der Kirche wählte er stets den letzten Platz, obgleich er damals, als Thomas ihn kannte, der älteste Vicar war und unmittelbar nach den Canonikern gefolgt wäre. Vor den jüngsten Scholaren seines Hauses wollte er nichts voraus haben. Nur wenn er zur h. Messe an Festtagen ging, legte er aus Ehrfurcht gegen das h. Opfer ein besseres Gewand an. Sein auffallend demüthiges Betragen bot vielen Anlaß, über ihn zu spotten; manche nannten ihn einen Narren, Andere wieder schalten ihn Lollard. „Er aber," sagt Thomas, „wollte lieber ein verachteter Lollard mit seinen Brüdern genannt oder von den Weltmenschen für närrisch gehalten, als ein großer Herr und Meister genannt werden"[154]). Daher verschmähte er auch alles gelehrte Studium, welches nicht zum wenigsten indirect der Ehre Gottes und dem Seelenheile der Menschen diente. „Ueber hohe Fragen, subtile Dinge und schwierige Materien schwieg er vollständig, weil sie wenig Erbauung für fromme Gemüther bieten," sagt Thomas [155]). Ein Convertit aus dem Judenthume wollte mit ihm, da er in exegetischen Fragen als Auctorität galt, über mehrere Schwierigkeiten in der alttestamentlichen Genealogie und Chronologie sich bereden. Allein Florentius sagte ihm, er solle den christlichen Glauben treu bewahren und im Leben ausüben; auf die Fragen aus der Exegese aber ging er nicht ein, „nicht deshalb, weil er darüber nichts wußte, sondern weil sie ihm nichts zur Erbauung beitrugen." Thomas bemerkt ausdrücklich, daß Florentius des Hebräischen sehr kundig gewesen sei.

Eine weitere Tugend unseres Florentius, welche Thomas nicht genug rühmen kann, war seine Nächstenliebe und Freigebigkeit. Er führte eine Liste der Armen, deren Sorge er einem oder zwei seiner Brüder übertrug, damit sie anständige Wohnung und den nothwendigen Lebens= unterhalt bekamen. Viele reiche Leute brachten denselben nach Florentius' Rathe und Anweisung ihre Almosen. Aussätzige und körperlich Preß= hafte lagen ihm zumeist am Herzen. Thomas hat einen einäugigen und einen lahmen Mann gekannt, welche von Florentius unterstützt und zum guten Leben angeleitet wurden. Ebenso meldet er aus eigener Anschau= ung, mit welcher wahrhaft rührenden Liebe sich Florentius eines Aus= sätzigen vor den Thoren Deventers annahm. Im Monat Mai ließ der ehrwürdige Mann alljährlich eine Menge Kräuter sammeln und damit den armen Kranken warme Kräuterbäder bereiten. Dann ließ er sie in frisch hergerichtete Betten legen und ihnen nach der Transpiration ein kräftiges Mahl verabreichen. Zur Quadragesimalzeit eines theuern Jahres kamen die Armen schaarenweise an die Pforte des Brüderhauses; um ihnen geben zu können, fasteten die Brüder noch über die von der Kirche vorgeschriebene Weise und schrieben alle Tage während der Qua= dragesimalzeit eine Stunde länger. Der Erlös dieser Ueberarbeit und ihre Ersparnisse wurden zum Ankauf von Lebensmitteln für die Armen verwendet. „Wer kann," so schließt Thomas seine Schilderung über die

Armenpflege des Florentius, „würdig alle Werke der Barmherzigkeit dieses glückseligsten Vaters erzählen? Und wenn alle schwiegen, ich will nicht schweigen, sondern die Barmherzigkeit des Herrn Florentius bis in Ewigkeit preisen, da ich unzweifelhaft sicher noch bei seinen Lebzeiten sieben Jahre lang die Menge seiner Barmherzigkeit durch Erfahrung kennen gelernt habe" [156]). Besondere Liebe zeigte Florentius gegen Kinder und unverdorbene Jünglinge. Mit freundlichen Worten ermahnte er sie zur Liebe Jesu und Bewahrung ihrer Unschuld. Gern unterstützte er arme Schüler, gab ihnen Papier und Feder, die nothwendigen Bücher und selbst das Schulgeld. Thomas von Kempen, der wie viele andere Schüler an Geld Mangel litt, wurde von ihm zuerst für kurze Zeit in's Haus aufgenommen, dann mit Büchern ausgestattet, und schließlich besorgte ihm Florentius freies Logis bei einer guten Frau. Als er später sein Schulgeld nicht bezahlen konnte, erhielt er dieses ebenfalls von Florentius. Als aber der Schulrector, Johannes Böhme, dieses erfuhr, stellte er dem Thomas das Schulgeld zurück [157]). Alljährlich am Feste des h. Gregor des Großen lud Florentius zwölf arme Scholaren zu Tische. Mehr noch als durch seine materiellen Gaben unterstützte er aber viele junge Schüler durch seinen Rath, durch seine Ermunterung und seine Ermahnungen.

Florentius war meist kränklich, sein schwacher Magen konnte nicht alle Speisen vertragen. Daher konnte er am gemeinschaftlichen Tische oft nicht Theil nehmen. Dann setzte er sich abseits in die Küche, und seine Schüler fühlten sich besonders geehrt, wenn sie ihn da bedienen durften. Seine Kränklichkeit brachte es mit sich, daß er zum Predigen und jeder anstrengenden seelsorgerischen Thätigkeit unfähig war; um so eifriger aber streute er im Stillen den Samen des göttlichen Wortes durch Wort und Beispiel aus. In langen Zügen standen oft die Leute vor seiner Zelle, welche seinen Rath hören oder ihm beichten wollten. An manchen Tagen blieb ihm kaum Zeit, seine Horen zu beten. Oft mußte er den angefangenen Psalm unterbrechen. Dann pflegte er jedesmal sein Brevier mit den Worten: „Noch ein Mal um Gotteswillen", zur Seite zu legen. So, sagt Thomas, wiederholte er das „noch ein Mal" sehr oft. Den Chor in seiner Stiftskirche konnte er seiner Gesundheitsverhältnisse wegen nicht täglich besuchen, so oft es jedoch ging, wohnte er dem Conventualamte und der Vesper bei. Thomas sagt von ihm: „Er war von so ehrwürdigem Ansehen, daß viele Knaben und Sänger ihn öfters anblickten und seine Andacht bewunderten. Auch ich pflegte damals mit andern Scholaren den Chor zu besuchen, wie es mir vom Magister Johannes Böhme, welcher die Schulen und den Chor strenge leitete, eingeschärft war. So oft ich meinen Herrn Florentius im Chore stehen ſah, ſo habe ich, obgleich er nicht umherſchaute, aus Ehrfurcht vor ſeiner Gegenwart mich gehütet, zu ſchwätzen. Es ereignete ſich einſt, daß ich im Chore nicht weit von ihm abſtand. Er wandte ſich zum Buche, um mit uns zu ſingen. Hinter mir ſtehend, legte er ſeine Hände auf meine Schultern; ich aber ſtand wie angewurzelt und wagte nicht, mich zu bewegen, aus Schreck über eine ſo große Ehre" 158).

Gerhard und Florentius ergänzten ſich gegenſeitig in vortrefflichſter Weiſe. Während jener der unternehmende, thatkräftige Mann war, der als Eroberer für Chriſtus auszog und ſeine Blicke auf weite Kreiſe lenkte, war dieſer der ſtille, unermüdliche Ordner, der nach Außen keine große Thatkraft entwickeln konnte, dafür aber in kleinem Kreiſe in ſchönſter und intenſivſter Weiſe arbeitete. Er führte an den großartigen Entwürfen Gerhard's ſtets die kleinen und kleinſten Details aus. So war auch er wie kein Anderer geeigenſchaftet, die jungen Kleriker und Prieſter, welche Gerhard durch ſein Wort und Beiſpiel zur Nachahmung Chriſti angeeifert hatte, in ſeine ſtille Obhut zu nehmen und im Sinne des Meiſters in das geiſtige Leben näher einzuführen und darin zu feſtigen. So hat Florentius, obgleich nur Schüler Gerhard's, doch bald neben ihm als Genoſſe und Gehülfe ſeinen Platz erhalten.

Florentius war, als Gerhard ihn an ſich zog, noch nicht Prieſter; erſt auf ſeinen Wunſch und Befehl hin ließ er ſich die höchſte Würde ertheilen. Dies Ereigniß fällt bereits in jene Zeit, wo er die Leitung des Fraterhauſes übernommen hatte. „Alſo Prieſter geworden," ſagt Thomas, „erhob er ſich nicht in weltlichem Dünkel, ſondern wurde um ſo bemüthiger in allen ſeinen Handlungen und ſeinem Verhalten befunden, als er durch Würde und Weihe erhöht war." Gerhard ſagt im Hinblick auf ſeinen Neugeweihten: „Einmal habe ich Einen zum Prieſter weihen laſſen und ich hoffe, daß er würdig iſt. Im Uebrigen aber werde ich mich in Acht nehmen, damit ich nicht leichtfertig etwas Aehnliches thue, weil ich Wenige ſehe, welche hierfür würdig ſind." Florentius ſelbſt aber hielt ſich der Prieſterwürde ſtets für unwürdig und ſagte unter Anderm einſt von einem einfachen Kleriker, welcher noch nicht die höhern Weihen hatte: „O, könnte ich doch beim letzten Gerichte für meinen Kelch Gott die Feder jenes Klerikers bringen." Wer hörte im fünften Capitel des vierten Buches der Imitatio nicht ſofort den Schüler beider Männer heraus: „Siehe, du biſt nun Prieſter geworden. Du haſt deine Würde nicht erleichtert; es iſt dir vielmehr eine neue Pflicht zu heiligerm Wandel auferlegt worden."

Florentius „wollte niemals müßig gefunden werden, ſondern er bemühte ſich, die koſtbare Zeit fruchtbringend zu verwenden, indem er ſich vollſtändig hütete, ſein Brod, obgleich er Beneficiat war, umſonſt und ohne Arbeit zu essen." Er schämte sich nicht, die gewöhnlichsten Arbeiten im Hause zu verrichten und leitete auch alle Kleriker dazu an, abwechselnd die Arbeiten in der Küche und am Herde zu thun. Weiteren Handarbeiten scheinen die Fraterherren sich nicht unterzogen zu haben, sondern das Bücherschreiben „ars scribendi libros, quae clericis melius convenit et quietius exerceri potest" als Hauptbeschäftigung von Anfang an angesehen zu haben. Florentius selbst hatte eine schlechte Handschrift; er beschränkte sich daher auf das Reinigen des Pergamentes, das Binden der Quaternionen, das Liniiren und die übrigen Vorbereitungen für das Schreiben. War genug abgeschrieben und die nothwendige Zeit vorhanden, dann las er mit einem Genossen das Geschriebene durch und corrigirte. Die Fraterherren legten, nach Groot's und Florentius' Geiste, welche alles Glänzende und Prunkende verachteten, ihre Hauptsorge nicht auf schöne Malerei und prächtige Illustrationen, sondern ausschließlich darauf, eine schöne und klare, wenn auch einfache Schrift herzustellen. Die kräftigen Züge der Fraterherren bilden einen angenehmen Gegensatz zu der flüchtigen, oft völlig unleserlichen Schrift ihrer Zeit. Es ist eine eigene Schreibschule, wenn ich so sagen darf, welche von Gerhard und seinen Söhnen ausgeht. Die kräftigen Schriftzüge der Fraterherren fanden bei der Reform der Klöster überall Eingang und man kann bei alten Handschriften des fünfzehnten Jahrhunderts mit fast mathematischer Gewißheit bestimmen, welche Partieen derselben vor der Reform und welche nach ihr geschrieben sind. Eine Menge Imitations-Handschriften haben darum das Unglück gehabt, ihrer kräftigen Schrift wegen aus dem fünfzehnten Jahrhundert zurück in das 13. und den Anfang des 14. verlegt zu werden und so fälschlich als uneinnehmbare Bollwerke gegen Thomas von Kempen aufgeführt zu werden.

Die innere Ordnung des Hauses war musterhaft, die Inwohner führten ein wahrhaft erbauliches Leben. „Da wurde," so sagt Thomas, „Demuth, die erste aller Tugenden, vom Größten bis zum Kleinsten geübt. Diese macht aus dem irdischen Hause ein Paradies und verwandelt die sterblichen Menschen in himmlische Perlen, in lebendige Steine am Tempel Gottes. Da blühte Gehorsam, die Mutter der Tugenden und die Leuchte der geistigen Erkenntniß, unter so großer Disciplin. Es war die höchste Weisheit, ohne Zaudern zu gehorchen, und ein schreckliches Unrecht, den Rath des Aeltern oder auch nur das geringste Wort desselben zu übertreten. Da glühete Liebe zu Gott und den Menschen im Innern und nach Außen, so daß die harten Herzen der Sünder durch das Anhören heiliger Reden in Thränen sich lösten; solche, welche kalt gekommen, gingen, durch das Feuer der Rede entzündet, freudig von dannen und gaben Obacht, daß sie in Zukunft nicht mehr sündigten. Da leuchtete die Rüstkammer des geistlichen Kampfes gegen die einzelnen Laster hervor; Greise mit Jünglingen gepaart lernten gegen den Satan, das eigene Fleisch und die Täuschungen der Welt tapfer streiten. Da kehrte das Andenken an die alten Väter und die tugendeifrige Lebensweise der Einsiedler Aegyptens, die gleichsam halbtodt zu Boden lagen, zu neuem Leben zurück, und der geistliche Stand erhob sich gemäß den Ueberlieferungen der ersten Kirche zur Stufe der höchsten Vollkommenheit! Dort hörte man fromme Ermahnungen zu geistlicher Uebung, und unter den täglichen Betrachtungen wurde das hochheilige und schmerzhafte Leiden unseres Erlösers Jesu Christi häufig und andächtig wiederholt und behandelt. Aus der aufmerksamen Erinnerung an dasselbe fließt, wie wir wissen, Heil für unsere Seele; es vermag die giftigen Bisse der Schlange zu heilen, die Leidenschaften des Herzens zu mäßigen und die schlaffe Seele vom Irdischen zum Himmel durch die Nachfolge des Gekreuzigten zu erheben"[159]). Die so schönen Zeiten des Brüderhauses schwebten dem Verfasser der Imitatio vor, als er das achtzehnte Capitel des ersten Buches schrieb: „Wie große Andacht im Gebete," so ruft er aus, „wie großer Tugendeifer, welche strenge Disciplin, wie große Ehrfurcht und Unterthänigkeit blühte unter der Regel des Meisters in allen Stücken! Noch jetzt bezeugen die zurückgelassenen Spuren, daß es wahrhaft heilige und vollkommene Männer waren, welche, so tapfer kämpfend, die Welt mit Füßen traten!" Nachdem Thomas dann mit Wehmuth geklagt, daß schon so schnell (tam cito) dieser Geist abgenommen habe, schließt er: „O, möchte doch in dir nicht gänzlich der Fortschritt in den Tugenden einschlafen, der du öfters viele Beispiele der Gottinnigen gesehen hast!"[160]).

Florentius beschäftigte und kümmerte sich wo möglich mit jedem einzelnen seiner Schüler, für jeden kannte er die seiner Natur am besten entsprechenden geistlichen Heilmittel. Während sonst strenges Schweigen im Hause herrschte, über das Seelenheil und das Himmlische sprach Florentius viel. Und seine Schüler schätzten sein Wort so sehr, daß Thomas behauptet, der h. Geist habe aus ihm geredet. Und wenn der ehrwürdige Priester, als bereits mehrere Fraterhäuser existirten, ein auswärtiges Haus besuchte, so „freuten sich auf seine Ankunft alle Einwohner, begierig, aus dem Munde des Priesters Gottes heilige Worte zu hören"[161]). Er hielt dann, wie daheim, regelmäßige Ansprachen an die Brüder. „Einige von ihnen zeichneten die Worte des Gottesmannes auf Tafeln auf und befleißigten sich mit großem Eifer, sie andern Abwesenden mitzutheilen; viel lieber führten sie Gespräche über göttliche Dinge unter sich, als die Weltleute ihre Kleinigkeiten zu erzählen pflegen."

Florentius redete nicht bloß zu seinen Brüdern allein, sondern hielt auch, wie die oben angeführten Worte des Thomas hinlänglich andeuten, öffentliche Vorträge für das größere Publicum. Aus einer Erzählung desselben Gewährsmannes geht hervor, daß diese Vorträge im Hofe des Fraterhauses stattfanden [162]. „Seine Rede war keine Schmeichelei, sondern das unverfälschte Zeugniß der Wahrheit, nicht weltliche Beredtsamkeit, sondern demüthige Unterweisung in den Sitten und eine vernünftige Anleitung zur Verachtung der Welt durch Beispiele der Heiligen" [163]. Besonderes Talent besaß Florentius in der praktischen Anwendung der heiligen Schrift; an alle Bibelworte verstand er eine erbauliche Lehre anzuknüpfen.

Florentius beschränkte sich nicht bloß auf die mündliche Belehrung seiner Brüder, er schrieb auch für sie, wiewohl diese Producte nicht von dem Umfange und der Bedeutung sind wie Gerhard's Schriften, da er diesem an Geist und Kenntnissen nachstand. Indeß sind sie doch sehr beachtenswerth, und Thomas hat Recht, wenn er sie „devota notabilia" nennt. Erhalten ist uns von Florentius nur eine kleine Schrift über die Mittel zur Erlangung wahrer Heiligkeit [164]. Die Wege sind die bekannten via purgativa und via illuminativa, der Weg der Reinigung und der Weg der Erleuchtung. Was über den letztern vorgebracht wird, ist zumeist eine praktische Anleitung zur Betrachtung über das Leben und Leiden Jesu Christi. Außerdem theilt uns Thomas einen Brief und einige bedeutendere Aussprüche desselben mit, von welchen Hirsche treffend bemerkt: „Es sind meist Perlen echter Weisheit, die hier aneinander gereiht sind, Perlen, wie sie nur ein im Lichte des göttlichen Wortes gebildetes zartes Gewissen im Bunde mit einem zu tiefer Welt- und Selbstbeobachtung geschickt gewordenes Auge hat finden können."

So waltete Florentius als guter Geist im Hause unter Gerhard's Oberleitung. Was er für sich und für die Fraterherren gewesen ist, das ist er durch Gerhard geworden, und darum gehört seine Schilderung nothwendig mit in den Rahmen einer Charakteristik von Groot's Thätigkeit.

Ein zweites Fraterhaus wurde in Zwolle errichtet. Fünf oder sechs Männer, durch Gerhard's Predigt für seine Ideen gewonnen, hatten sich in einem Hause zusammengefunden, dessen Vorsteher ein blinder Laie mit Namen Johannes Ummen war, von dem Gerhard das charakteristische Wort sprach: „Jener Blinde sieht mehr als Alle in Zwolle" [165]. Als Knabe bereits erblindet, ward er von seinen Eltern christlich erzogen und wurde später Gerhard's Lieblingsschüler. Seine Mutter Regelandis, eine bereits in gereiftem Alter stehende Wittwe, führte das Hauswesen der neuen Genossenschaft. Sie scheint übrigens ein energisches Weib gewesen zu sein, denn nach Thomas' Zeugniß soll sie den Tischleser, wenn er falsch las oder stotterte, apostrophirt haben: „Höre auf zu lesen und verderbe das Wort Gottes nicht, damit den heiligen Schriften keine

Läſterung zugefügt und das Ohr der Zuhörer durch dich nicht beleidigt
werde. Leſe ein Anderer, welcher es beſſer kann, damit wir alle es ver=
ſtehen und erbaut werden." Regelandis ſtarb indeß bald. Die Brüder
lebten in größter Armuth, fanden aber ſolche Anerkennung, daß viele
Weltleute in ihr Haus eintraten „mit´ dem Wunſche, Gott zu dienen
und die Welt in Ausſicht auf den ewigen Lohn zu verlaſſen".

Im Jahre 1384 zu Anfang der Quadrageſimalzeit kam Meiſter
Gerhard nach Zwolle zur Faſtenpredigt. Zugleich wollte er für einige
Tage ſeinen geiſtlichen Söhnen im Fraterhauſe Exercitien halten. In
der Pfarrkirche predigte er zwei Mal am Tage, eine ſehr große Men=
ſchenmenge kam zuſammen. Als die Predigten vorüber waren, trugen
ihm die Fraterherren ihren Wunſch vor, außerhalb der Stadt ſich anzu=
ſiedeln. Geſagt, gethan. Gerhard ging mit vier Brüdern auf den Berg,
welcher ſpäter Agnetenberg genannt wurde, und beſtimmte einen paſſenden
Platz. Die Ausführung dieſes Planes erlebte er nicht mehr. Erſt um
Oſtern 1386 war ein kleines armſeliges Häuschen erbaut, in welches
ſechs Brüder einzogen, deren Zahl ſich ſchnell vermehrte. Ihr Leben
beſchreibt Thomas folgendermaßen: „Von ihrer Hände Arbeit verſchafften
ſie ſich den täglichen Unterhalt. Denn Niemand wurde erlaubt, müßig
zu ſein oder neugierig herumzulaufen, noch auch wagte es Jemand, über
weltliche Dinge zu plaudern. Sie alle wurden belehrt, zu beſtimmten
Zeiten für die Gemeinſchaft zu arbeiten und dabei Gott häufig im
Gebete anzurufen, nach Weiſe der alten Väter in Aegypten, welche mit
den Händen arbeiteten und dennoch zur Zeit der Arbeit vom Gebete
nicht abſtanden. Auch das hatten ſie von Meiſter Gerhard vernommen:
Niemand dürfe aufgenommen werden, wenn er nicht mit den Händen
arbeiten und zum gemeinſchaftlichen Leben übergehen wolle. Daher
ſchrieben die Kleriker Bücher heiliger Schrift fleißig ab; die Laien
ſchwitzten bei der Hand= und Feldarbeit. Einige übten auch das Schuſter=
handwerk aus, andere webten Wolle und Linnen. Einige machten
Decken und Matten, andere verrichteten verſchiedene Geſchäfte für das
Haus nach Gutdünken des Vorſtandes. Ein armes und mühevolles
Leben nach außen freilich führten ſie für Chriſtus, aber die Liebe zum
himmliſchen Leben verſüßte die gegenwärtige Noth. Wenn Jemand zu
Einem eines Geſchäftes wegen ging, ſo ſprach er zuerſt ein kurzes Wort
über Gott, oder er ſagte »Jeſus«, worauf der Andere alsbald »Chriſtus«
oder »Maria« antwortete". Und weiter ſagt Thomas: „Mit ſo großem
Eifer wurde die Tugend des Gehorſams beobachtet, daß Niemand wagte,
einen Nagel einzuſchlagen, oder irgend etwas Geringes ohne Wiſſen des
Rectors oder Procurators zu thun. Denn für die geringſte Nachläſſig=
keit folgte eine brüderliche Zurechtweiſung zur Fürſorge (ad cautelam);

eine Entschuldigung wurde nicht gestattet, sondern demüthige Erkenntniß seiner selbst und sofortiges Bekenntniß der Besserung. Wenn aber Jemand zum Gehorchen nicht bereit war oder hartnäckig auf seinem Kopf bestand, so wies ihn der Vater Johannes härter zurecht, wie es das Maß der Schuld und die Beschaffenheit der Person erforderte. Zuweilen sagte er auch, von größerm Eifer für die Disciplin entbrannt und zum Schrecken der Uebrigen, einigen Mürrischen und mit seinem Befehle weniger Zufriedenen: „Siehe, die Thüre steht offen, wenn Jemand gehen will, so gehe er. Lieber will ich einen Gehorsamen als mehrere Ungehorsame haben!" Bruder Reyner, welcher zum Schilf hüten geschickt war, blieb auch über Tischzeit da, weil das vorüberziehende Vieh sonst alles zerstört hätte. Johannes aber erwiderte auf diese Verletzung der Hausordnung: „Lieber wollte ich, daß das Vieh alles vernichtet hätte." Thomas hat gewiß Recht, wenn er Johannes einen „vir strenuus" nennt. Der blinde Rector besaß jedoch ungewöhnliche Milde und ein theilnahmvolles Herz gegen geistlich und leiblich Bedrängte. Er hatte die Gabe, kranke Herzen zu trösten und aufzurichten, und eine natürliche Befähigung, zu unterrichten und Menschen zu Gott zu führen. Daher schickte selbst Gerhard mehrere zu ihm, um sie auf den Weg Gottes hinzuführen, mit den Worten: „Gehet zum blinden Johann von Ummen, dem frommen und rechtschaffenen Manne, und thut alles, was er euch sagt." „Obgleich er des leiblichen Lichtes entbehrte," sagt Thomas, „so war er doch im Innern von dem Lichte der Wahrheit erleuchtet, zeigte Vielen, welche zu ihm kamen, den Weg des ewigen Heils und gab ihnen das Geleite des wahren Lichtes."

„Damals war auch in den ersten Brüdern," sagt Thomas weiter, „eine solche heftige Liebesgluth, daß der eine den andern in demüthigenden Arbeiten zu übertreffen strebte und sie von gegenseitigen Dienstleistungen entzündet waren. Während daher der eine schlief, stand der andere früher auf und verrichtete dessen Arbeit im Geheimen. Wenn Jemand etwas langsamer vorankam, so nahm der, welcher flinker schien, den Platz des Langsamern ein. Oft fand man eine Sache vollendet und wußte nicht, wer sie ausgeführt. So zeigte man Liebe im Werke und bewahrte Demuth im Herzen gemäß jenes Spruches: Liebe, unbekannt zu sein [166]. Zu geringen Arbeiten und demüthigenden Beschäftigungen stachelten sich alle Bewohner mit gleicher Hingebung an. Daher flohen Kleriker und Weber nicht die bäuerische Arbeit, sondern gingen auf Ruf mit den Uebrigen in der Erntezeit zum Garbensammeln, zum Heutrocknen, zum Graben des Landes und zum Gemüsepflanzen."

Die Agnetenberger Fraterherren waren unbeschreiblich arm. An vielen Tagen fehlte geradezu alle Nahrung; aber mit einem bewunderungswürdigen Gottvertrauen harrten die armen Brüder auf Gottes Hülfe, und sie kam. Johannes Ummen, „der ständige Liebhaber der Armuth," ermunterte seine Brüder in solchen Tagen: „Ich habe stets von den Heiligen gehört, daß die Armuth gut sei und die Ursache und das Wachsthum alles Guten." Eine Taubeneinfalt und Sanftmuth finden wir an den Agnetenbergern, welche uns ahnen lassen, in welcher Herzensunschuld sie vor Gott wandelten. Von den Weltleuten wurden sie als Thoren verlacht und öffentlich verhöhnt. Nach dieser Seite hatten sie viel zu leiden. Alle Fraterherren hatten Gerhard gesehen und gehört, waren also seine Schüler. Wir sehen, welche Frucht seine Predigt auch in Zwolle getragen hatte.

Auch für das weibliche Geschlecht entstanden nach Gerhard's Idee Schwesternhäuser. Bereits am 20. September 1374 hatte der Meister einen Theil seines Hauses in Deventer zu Wohnungen für Arme bestimmt. Genau fünf Jahre später änderte er diese Stiftung und machte sein Haus ausschließlich zu einem Asyle für Jungfrauen und Wittwen [167]). Vielleicht läßt dieser Umstand schließen, daß damals bereits Florentius in seinem Hause die männliche Jugend versammelte und somit die Gemein= schaft der Fraterherren begann. Die Frauen in Meister=Geertshaus, wie es im Volksmunde hieß, nahmen dann, soweit es für ihr Geschlecht möglich war, die Regel der Fraterherren an und verdienten ihren Lebens= unterhalt durch Nähen, Spinnen und Weben [168]). Da nicht alle, wie die Klosterfrauen, eine Schulbildung empfangen hatten und darum des Lateins nicht mächtig waren, so übersetzte Gerhard für sie die Horen der aller= seligsten Jungfrau, vom heiligen Geiste und der ewigen Weisheit, die sieben Bußpsalmen und die Todtenvigilie in's Deutsche, welche später in viele Frauenklöster Eingang fanden [169]).

8. Gerhard's Kämpfe und letzte Lebenstage.

Die Missionspredigt der Mendicanten hat zu vielfachen Collisionen mit dem Weltklerus und den Bischöfen geführt. Bereits Bonifaz VIII. sah sich daher zu Einschränkungen der Privilegien, welche der apostolische Stuhl den Bettelmönchen gegeben hatte, genöthigt, welche indeß Bene= dict XI. wieder aufhob. Das Concil zu Vienne 1311 ging jedoch auf Bonifaz' Anordnungen zurück, wodurch wieder einige Ruhe eintrat. Als dann aber Clemens VI. die Mendicanten gegen wiederholte Klagen der Bischöfe 1351 in Schutz nahm, brach der alte Streit wieder mit neuer Heftigkeit los [170]). Gerade zu der Zeit, wo unser Gerhard als Missions= prediger auftrat, waren die Differenzen zwischen Weltklerus und Mendi=

canten besonders groß. Bedauernswerth bleibt, daß diese Streitigkeiten öffentlich ausgefochten und die Zwietracht auch in's Volk getragen wurde. Die spätere sogenannte Reformation hat durch diese Jahrhundert alten Wirren bedeutenden Nahrungsstoff erhalten. Auf den Kanzeln legte jede Partei ihre Rechte dar, jede suchte das Volk für sich zu gewinnen, und die Art und Weise, in welcher man sich gegenseitig oft bekämpfte, ist nur noch durch die wüste Schmähsucht und die Polterreden des sechszehnten Jahrhunderts übertroffen. Wurde so die Kanzel mißbraucht, so wurde anderseits durch Schmäh= und Streitschriften das Volk aufgehetzt. Mag man die Sache betrachten, wie man will, die Bettelmönche haben hierdurch schwer gefehlt und den Boden für die spätere kirchliche Revolution vorbereiten helfen. Darum darf man ihren Schilderungen über den Weltklerus nicht überall vollen Glauben beimessen.

Gerhard hatte als Säcularkleriker somit von vornherein auf die Gegnerschaft der Mendicanten zu rechnen. Es ist ja auch nicht unmöglich, daß ihm Bischof Florentius so ausgedehnte Predigtvollmacht in der bestimmten Absicht gab, um jene zurückzudrängen. Wir finden es darum erklärlich, wie Gerhard bei Florentius' Ansinnen, eine Communität zu errichten, auf die zu fürchtende Opposition der Bettelmönche hinweisen konnte.

Das Befürchtete trat denn auch wirklich ein. Die Mendicanten wollten die Bulle, welche Clemens V. gegen die häretischen Beginen und Begarden erlassen hatte, sofort auch auf die Brüder und Schwestern vom gemeinschaftlichen Leben anwenden [171]. Oeffentlich stellten sie dieselben als häretische und von der Kirche verworfene Genossenschaft hin. Da bestieg auch Gerhard die Kanzel in Deventer und belehrte das Volk eines Bessern. Aber jetzt beschuldigte man ihn selbst der Irrlehre. Ja, man spürte allen seinen Worten nach, und mehr als einmal kam er in die Lage, seine Predigten gegen Angriffe vertheidigen zu müssen. Um daher stets bereit zu sein, seine Aeußerungen mit den nothwendigen Autoritäten belegen zu können, pflegte er eine große Anzahl Bücher mit sich herumzuführen. Rudolph Dier meldet, daß Gerhard bei einer Predigtreise nach Holland einen Sack voll Bücher bei sich gehabt habe [172]. Als ihn ein anderes Mal Jemand fragte, warum er die Bücher so weit und in solcher Menge mitführe, erwiderte er: „Obwohl dieselben zum guten Leben wenig Anleitung geben, so muß ich sie doch zur Belehrung Anderer und zur Vertheidigung der Wahrheit bei mir haben, damit die, welche etwa mir nicht glauben, sich mit der Auctorität der Heiligen beruhigen" [173]. Um indeß allen Anfeindungen und Angriffen gegen seine Rechtgläubigkeit die Spitze abzubrechen, erließ er seine „publica protestatio", ein Glaubensbekenntniß, in welchem er seine Katholicität und sein Ueber= einstimmen mit dem heiligen Stuhle besonders darlegt [174].

Die Angriffe gegen die Schwesternhäuser wurden indeß von den Mendicanten noch lange fortgesetzt. Um 1420 mußte Prior Löder zu Nordhorn gegen den Dominicaner Matthäus Grabow auftreten, welcher sogar eine Schrift gegen dieselben schrieb [175]), und noch gegen 1455 hat Busch einen Mendicanten, welcher öffentlich dagegen predigte, zum Widerruf veranlaßt [176]).

Die Erbitterung gegen Gerhard stieg bis zum Aeußersten, als auf sein Betreiben, wie wir gesehen haben, der Augustiner Bartholomäus als Ketzer verurtheilt und vom Predigen suspendirt wurde. So wie man gegen seine Freunde wüthete, richtete man auch seine Angriffe gegen ihn. Vielleicht fällt in diese Zeit, was Thomas von Kempen berichtet, daß ein Mendicant nach Rom gereist sei, um die höchste Stelle gegen Gerhard anzurufen, aber unterwegs gestorben sei [177]). Sicher ist es den Augustinern ganz allein zuzuschreiben, daß Bischof Florentius dem Gerhard die Predigtvollmacht entzog. Rudolph Dier meldet, das bischöf= liche Verbot sei von Kampen aus bewirkt worden [178]). Hier war Bar= tholomäus Terminarier und wir wissen, daß der Kampener Stadtmagistrat dessen Sache auch zur seinigen machte. So ist allerdings Gerhard's Apologie zeitlich mit dem bischöflichen Verbote zusammen gefallen, inner= lich stehen sie jedoch in keiner directen Beziehung. Auch Thomas deutet an, daß die Kampener gegen Gerhard nach Bartholomäus' Verurtheilung vorgingen. In einem Briefe nach Amsterdam schrieb der Prediger nämlich: „Seid nicht besorgt, meine Theuersten, wenn ihr von den Maß= nahmen der Kampener gegen mich höret. Alles wird gut gehen, wie ich hoffe, wenn Gott will" [179]).

Bischof Florentius wird sich nur schwer dazu verstanden haben, gegen seinen Freund Gerhard vorzugehen. Zeuge hierfür ist, daß er nicht direct Gerhard das Predigen verbot, sondern vielmehr allen Dia= konen, so daß jener indirect mitgetroffen wurde. Thomas nennt dieses Edict „callidum"; ich dagegen möchte es ein schonendes nennen. Flo= rentius wollte Gerhard so wenig als möglich verletzen.

Gerhard war vernichtet. In einem Briefe aus dieser Zeit bittet er seine Freunde um ihr Gebet für den „armen und niedergebeugten Gerhard". Manche riethen ihm, sich an das Verbot nicht zu kehren, Andere schimpften. Aber Gerhard ertrug alles geduldig; er beklagte sich auch nicht. „Es sind unsere Prälaten," sagte er zum Volke, welches über solches Verbot ungehalten war, „und wir wollen, wie es sich geziemt und unsere Pflicht ist, ihren Befehlen gehorchen. Wir suchen weder Jemand zu verletzen, noch einen Scandal zu erregen. Gott kennt gut die Seinen, welche er von Ewigkeit erwählte und welche er auch durch seine Gnade berufen wird, ohne unser Zuthun, wie es ihm gefällt." Gewiß, Gerhard führte nicht bloß Demuth und Gehorsam im Munde, er hatte beide im Herzen und übte sie jetzt in christlichem Heroismus.

Jedoch suchte er auf legalem Wege sein Predigtamt wieder zu erhalten. Als fast alle Diakonen der Diöcese das Recht der Predigt wieder erhalten hatten, wandte sich auch ein Freund für ihn an den Bischof und legte demselben seinen Wunsch dar, zum wenigsten auf Ansuchen der Pfarrer predigen zu dürfen. Sollte ihm auch dieses verweigert werden, so bitte er, ihm die Gründe solcher Maßregel doch mitzutheilen. Es scheint, daß dieses Schreiben nichts fruchtete. Zum wenigsten hat sich Gerhard auch nach Rom gewandt, und sein Freund Wilhelm von Salvarvilla begleitete sein Bittgesuch mit einem Schreiben an Papst Urban VI., in welchem er Gerhard und seine Thätigkeit mit den größten Lobsprüchen überhäuft und den Papst bittet, demselben die Predigt für die gesammte Kölner Kirchenprovinz zu übertragen[180]).

Welchen Erfolg haben diese Schritte gehabt? Acquoy und Hirsche[181]) meinen, daß Gerhard die Erlaubniß zur Predigt nicht mehr bekommen habe. Ich bin indeß anderer Ansicht. Salvarvilla's Schreiben ist von einem 21. October datirt. Da nun in demselben auch der Wunsch ausgesprochen ist, daß die Curie nach Rom zurückkehren möchte, so können wir das Jahr des Briefes genau bestimmen. Urban VI. verließ Rom anfangs Mai 1383 und kehrte erst 1388 dahin zurück[182]). 1384 im October ist Gerhard nicht mehr unter den Lebenden; es kann mithin der Brief nur am 21. October 1383 geschrieben sein. Es fragt sich nun, ob Gerhard nach dieser Zeit noch öffentlich gepredigt hat. Die Antwort lautet bejahend.

Thomas von Kempen berichtet uns nämlich, daß Gerhard im Anfange der Quadragesimalzeit nach Zwolle zur Predigt gekommen sei, dann habe er auf Bitten der Fraterherren ihnen einen Platz außerhalb der Stadt gesucht und sei in demselben Jahre noch gestorben[183]). Gerhard predigte danach also zur Fastenzeit 1384 in Zwolle. Daß Thomas sich hier nicht geirrt hat, zeigt uns eine Stelle in seinem Leben Gerhard's. Er sagt hier nämlich: „Suppressit ergo vocem suam ad tempus et interim ad privatas se contulit exhortationes"[184]). Das „ad tempus" und „interim" wäre unsinnig, wenn Gerhard vom Verbote bis zum Tode nicht mehr gepredigt hätte. Ferner erzählt Thomas die uns bereits bekannte Bekehrung des Eberhard von Eza[185]), welche auf Gerhard's Predigt erfolgte, mit dem Beisatze: „Et non diu post istius conversionem magister Gerardus migravit ad dominum." Eberhard wollte dann in das Florentiushaus eintreten; die Brüder aber fürchteten ihn und selbst Florentius „nesciens intentionem ejus" wollte ihn nicht aufnehmen. Eberhard mußte eine Zeit lang durch eine Probe beweisen, daß er kein Heuchler sei, sondern wirklich sich bekehrt habe. Alles dieses wäre nicht nothwendig gewesen, wenn Gerhard noch gelebt hätte. Der würde Florentius sicher über seine Bekehrung belehrt haben. Das „non diu post" des Berichtes kann also nur dahin verstanden werden, daß Eberhard Gerhard kurz vor seinem Tode predigen hörte, dann sich bekehrte und nun, bereits nach dessen Abscheiden, den Florentius aufsucht. Endlich erwähnt Busch, welcher Gerhard's Streitigkeiten weitläufiger als Thomas erzählt, gar nicht ein Mal, daß demselben das Predigtamt entzogen worden sei. Ein solches Schweigen wäre unerklärlich, wenn Gerhard wirklich das ganze letzte Jahr vor seinem Tode nicht mehr hätte predigen dürfen. Damit glaube ich hinlänglich festgestellt zu haben, daß Gerhard noch im Jahre 1384 gepredigt hat. Er muß daher entweder vom Bischofe oder vom apostolischen Stuhle das Recht dazu zurück erhalten haben. Indeß erfreute er sich desselben nicht mehr lange.

Im Sommer 1384 brach in Holland die Pest aus, welche auch in Deventer heftig wüthete. Ein treuer Freund Gerhard's, mit Namen Lambert Stuermann, wurde ebenfalls davon ergriffen und ließ ihn, da er medicinische Kenntnisse hatte, dringend um einen Besuch bitten. Gerhard willfahrte um so mehr, als der Freund in seinem Testamente nach seinem Rathe eine große Geldsumme zur Errichtung eines Augustiner-Chorherrenstiftes festsetzen wollte und auch in der That festsetzte. Doch kaum hatte der Meister den Puls des Kranken gefühlt, als er auch schon die Ansteckung merkte. Nach Hause zurückgekehrt, ließ er Florentius und alle Priester des Fraterhauses rufen, kündigte ihnen seinen nahen Tod an und theilte ihnen noch seine Wünsche in Betreff seiner Stiftungen mit. Busch [186]) gibt die Worte des Kranken zu seinen Schülern in directer Rede; daß diese Form von ihm selbst herstammt, unterliegt wohl keinem Zweifel. Aber es fragt sich, ob der Inhalt derselben den wirklichen Sinn und Thatbestand wiedergibt. Ich nehme dies als sicher an; denn auch Thomas von Kempen meldet uns in kurzen Worten dasselbe, was Busch in lange Rede kleidet: Gerhard empfahl dem Florentius und seinen Schülern, ein regulirtes Chorherrenstift zu gründen [187]). Auch die Begründung, welche Busch dem Sterbenden in den Mund legt, entspricht so sehr Gerhard's Denkungsart, daß ich sie für echt halte, wenngleich das Ganze vielleicht in eine frühere Zeit zu verlegen ist. Gerhard rieth vom Karthäuserorden ab, obwohl derselbe musterhafte Zustände hatte, weil die Mitglieder desselben von den Menschen vollständig abgeschlossen seien und daher für die Seelsorge nichts leisten könnten. Den Orden der Cistercienser wollte er ebenfalls nicht, weil dessen Regel für die gegenwärtige Zeit zu schwer sei. Dagegen sei der Augustinerorden für Alle ohne Ausnahme, welche sich dem gottgeweihten Leben widmen wollten, entsprechend. Außerdem befahl Gerhard noch, Niemand in die Gemeinschaft aufzunehmen, welcher nicht Keuschheit, Armuth, Gehorsam und vor allem die Liebe, auch wenn er diese Stücke nicht feierlich gelobt habe, halten und mit Handarbeit sich beschäftigen wolle. Dann setzte er Florentius als Vorsteher aller seiner Schüler und Schülerinnen ein, empfing die heiligen Sacramente und starb gottergeben in der Abenddämmerung des 20. August. Seine Ruhestätte fand er in der Liebfrauenkirche zu Deventer, wo er so oft das Wort Gottes verkündigt hatte.

Gerhard hat nur ein Alter von 44 Jahren erreicht; nicht volle vier Jahre hat er als Bußprediger gewirkt, und welche Frucht hat er erzielt! Wir kennen bereits die Lobeserhebungen, welche ihm seine Schüler machten. Es mögen zu diesen noch die Worte hinzukommen, welche die Nonnen des Klosters zu Weesp für den Todestag Gerhard's in ihrem Memoiren-Buche eintrugen: „Mit seinem heiligen Leben, lebendigem Beispiele und seinen feuerigen Predigten erleuchtete er wie ein Apostel des Herrn das Christenthum von Utrecht und brachte es von vielen Irrthümern zurück" [188]). Es liegt etwas Wunderbares in Groot's Wirken; das Größte aber, was er vollbracht, ist, daß er in wenigen Jahren eine so stattliche Zahl von Schülern heranbildete, seinen Geist oder vielmehr den Geist Jesu Christi ihnen einflößte und so bewirkte, daß, nachdem sein Mund in tiefer Grabesruhe verstummt war, eine große religiöse Bewegung von ihnen hervorgerufen wurde.

Von einem Heiligen erzählt die Legende, daß er in einem prophetischen Traume sah, wie ein großer Baum umgehauen wurde, alsdann aber aus seinen Wurzeln plötzlich neue Bäumchen herausschossen, welche schnell dicke Stämme und Kronen hatten. Dieses Gleichniß paßt ganz auf Gerhard. Kaum war er gestorben, so mehrte sich die Zahl seiner Gesinnungsgenossen merkwürdig schnell [189]). Thomas kann daher mit Recht sagen: „Obgleich er ein langes, bis zum Greisenalter reichendes Leben nicht führte, so hat er dennoch in kurzer Zeit viel Frucht durch seine Predigt erzielt, und er ließ sehr fromme Schüler und Brüder an den verschiedensten Orten zurück, welche er selbst zuerst durch die Gnade des neuen Lichtes, mit dem er erfüllt war, getreulich unterrichtete und entzündete."

Eine kirchliche Verehrung hat Gerhard nie erhalten, jedoch waren seine Schüler von seiner Heiligkeit überzeugt. Voß nennt ihn rückhaltlos „sanctus", Bornken gibt ihm den Titel „beatissimus", Busch und Thomas bezeichnen ihn durchweg als „venerabilis", Wilhelm von Salvarvilla hält ihn für einen Mann „sacrae recordationis". Mande sah ihn in

der Himmelsglorie. Seine Schriften und Aussprüche hatten fast cano=
nisches Ansehen; die Fraterherren haben seine Thaten und Worte in
ihren Predigten angeführt [190]).

9. Ausbreitung und Thätigkeit der Stiftungen Gerhard's.

Florentius Radewin suchte Gerhard's Wunsch, ein Kloster zu gründen,
welches „für alle Ordensleute und frommen Seelen ein Muster des geisti=
gen Lebens und der klösterlichen Observanz", ein Mittelpunkt für alle
reformirten Klöster und ein Ausgangspunkt für die Reform aller ver=
wahrlosten sei, alsbald zu erfüllen. Nach sorgfältiger Berathung wurden
1386 der uns schon bekannte Johannes Brinckerinck und einige andere
Fraterherren ausgesendet, um einen geeigneten Platz zu suchen, welchen
sie im Gelder'schen Gebiete auswählten. Sie erlangten auch sofort die
Genehmigung des Herzogs zum Klosterbaue [191]).

Bischof Florentius von Utrecht ertheilte dieselbe indeß nur unter
der Bedingung, daß die neue Anstalt auf seinem weltlichen Territorium
errichtet werde. Für diesen Fall versprach er seine vollste Unterstützung.
Jetzt erklärte sich Berthold ten Haue, ein Schüler Gerhard's, bereit, sein
Gut zu Windesheim, ungefähr drei Stunden südlich von Zwolle, zum
Klosterbaue zu schenken. Das Gut repräsentirte nach Busch' Angabe
einen Werth von mehr als 6000 Gulden. Ein anderer Freund Gerhard's,
der uns ebenfalls schon bekannte Heinrich von Wilsen, schenkte mit seinem
Bruder Johannes, welcher Canonicus zu St. Johann in Utrecht war,
fünfzehn Morgen Land dazu. So wurde beschlossen, das Kloster in
Windesheim zu errichten. Nachdem die nothwendigen rechtlichen Geschäfte
abgewickelt waren, wählte Florentius aus der Zahl seiner Brüder folgende
sechs aus, welche das Kloster erbauen und begründen sollten: Heinrich
Klingebiel aus Höxter, Werner Keynkamp aus Lochem, beide Priester,
Johannes Hamer aus Kempen, Heinrich Wilde aus Herzogenbusch, beide
Diakonen, Heinrich von Wilsen und Berthold ten Haue aus Zwolle,
beide Kleriker. Diese bezogen anfangs das Häuslein des Colon, dann
erbauten sie Hütten aus Lehm und deckten sie' mit Stroh. Ihre tägliche
Beschäftigung war der Ackerbau. Florentius Radewin machte dann
einen Plan für Kirche, Kreuzgang und Kloster; die Mönche selbst
führten den Bau aus. Das nothwendige Geld kam von Freunden und
Verehrern Gerhard's. Sammlungen brauchten nicht stattzufinden.

Bereits zur Quadragesimalzeit 1387 konnte mit dem Bauen begonnen
werden. Alles wurde in Backstein ausgeführt, die Kirche und der Kreuz=
gang mit Steinen, die übrigen Gebäude mit Schilf gedeckt. Im Herbste

war bereits alles vollendet. Die Geldsumme, welche für Material aus-
gegeben wurde, schätzt Busch auf 4000 Gulden. Uebergroß ist jedoch der
ganze Bau nicht gewesen, erst Prior Voß hat das Kloster vollständig her-
gestellt. Bischof Florentius verweigerte aber die Consecration, weil das
Kloster noch nicht genügend dotirt sei. Aleydis Dreyers schenkte darum
mit ihren beiden Söhnen ihre ganzen Besitzungen in Hardenberg, im
Gesammtwerthe von 200 Gulden. Dann ertheilte der Bischof die Erlaubniß zur Weihe, trug jedoch auf, die Güter, die in Zukunft angekauft
würden, in den Gebieten von drei verschiedenen Fürsten zu acquiriren,
damit eine vollständige Temporaliensperre durch Krieg und Unglücksfälle
nicht so leicht entstehen könne. Dann wurden die sechs obengenannten
Brüder für einige Zeit in das Kloster Emstein geschickt, und darauf am
15. October 1387 Kirche und Kloster in Windesheim eingeweiht. Als
Hauptpatronin wurde die allerseligste Jungfrau erwählt. In der Kirch-
weihmesse kleidete der Weihbischof die sechs neuen Mönche ein und nahm
ihnen auch sogleich die feierliche Profeß ab. Heinrich Klingebiel, welcher
dieselbe zuerst ablegte, wurde im Auftrage des Bischofs zum Rector ernannt.

Nach Verlauf eines Jahres fand die Wahl eines Priors Statt. Der
Erkorene war Werner Keynkamp, welcher zwei neue Ordensmitglieder,
Johannes Voß und Heinrich Ballueren, Schüler Gerhard's, zur Profeß
zuließ. Auch wurden die Klostergüter durch Schenkungen abermals vermehrt. Indeß legte Werner schon 1391 seine Prioratswürde nieder,
und die Mönche wählten gegen Ende November „einstimmig und ein-
müthig" Johannes Voß zu ihrem Prior, obgleich derselbe erst 28 Jahre
alt war und noch keine drei Jahre dem Priesterstande angehörte. Unter
ihm nahm Windesheim einen raschen Aufschwung. Kein Jahr verging,
ohne daß nicht neue Kleriker eingekleidet und andere nach zurückgelegtem
Noviziate zur Profeß zugelassen werden konnten. Während seiner 31jäh-
rigen Verwaltung hat Voß 32 Kleriker in den Orden aufgenommen,
13 Laienbrüder eingekleidet, vier Donaten und fast 50 Priester, Kleriker
und Laien gegen Handgelübde zum beständigen Wohnen im Kloster zugelassen! Bereits 1392 konnte Windesheim ein Tochterkloster, Marien-
brunn oder Marienthal, bei Arnheim gründen, dessen erster Rector
Johannes Hamer wurde. Auch die ersten Prioren Arnold Marwijk aus
Calcar und Heinrich Walluis aus Utrecht waren Windesheimer Regu-
laren. Im selben Jahre entstand das Kloster Neulicht bei Horn, „die
zweite Tochter Windesheim's," zu dessen Gründung zwei Schüler Gerhard's,
die Priester Gerard von Horn und Paulus von Medenblik, das nothwendige Geld schenkten.

Die drei ersten Prioren, Werner Keynkamp, Heinrich Wilde und
Johann Otto, erhielt Neulicht aus dem Mutterkloster. Ja, Windesheim

6*

übertraf an Einfluß bereits das im Jahre 1382 gestiftete Heilandskloster in Emstein, dessen Förderer und Gönner Gerhard Groot gewesen [192]), und wo auch die ersten sechs Windesheimer Mönche eingeschult wurden. Es erhielt ebenfalls einen Prior aus Windesheim. Diese vier, von Gerhard's Schülern gegründeten Klöster traten 1395 zu einer Congregation zusammen, in welcher Windesheim den Vorsitz erhielt. Da die Zahl der Chorherren in den einzelnen Stiften noch gering war, leistete Florentius Radewin mit seinen Fraterherren einstweilen Aushülfe. 1394 entstanden sodann ein Augustiner=Chorherrenstift und ein Canonissenhaus bei Amsterdam, ferner das später so berühmt gewordene Frenswegen bei Northorn, welches der schon genannte Eberhard von Eza, damals Pfarrer in Amelo, gründete. Er selbst legte die Pfarrei nieder und empfing mit drei andern Männern, mit welchen er vorher ein gemeinschaftliches Leben geführt hatte, am Feste des h. Thomas 1394 den Habit. Formell schlossen die letztern drei Klöster sich erst einige Jahre später der Congregation an. Noch im Jahre 1395 sandte die Congregation den Utrechter Canonicus Gerhard von Bronkhorst, welcher als Freund Gerhard's und seiner Schüler lange in Windesheim wohnte, nach Rom, um die Bestätigung der Congregations= statuten nachzusuchen, welche Bonifaz IX. ertheilte und Martin V. später auf dem Constanzer Concil erneuerte.

Das 14. Jahrhundert ging nicht zu Ende, ohne daß neue Klöster der Windesheimer Congregation beitraten. Zunächst verwandelte sich 1398 das Fraterhaus auf dem Agnetenberge in ein Chorherrenstift und trat gleich nach Ostern der Congregation bei. Als ersten Prior sandte Windesheim den Johann Hamer hin, unter welchem sein Bruder Thomas, der Verfasser der Nachfolge Christi, eintrat. 1400 entstand Engelthal in Leyderdorp, welches Wilhelm Vornken aus Windesheim als Prior erhielt. Somit zählte die Windesheimer Congregation am Ende des 14. Jahrhunderts bereits neun Klöster, welche, mit Ausnahme von Em= stein, sämmtlich erst nach Gerhard's Tode gegründet waren. Welch ein schneller Fortschritt seit dem Jahre 1386, wo die ersten sechs Brüder Lehmhütten in Windesheim bezogen! Aehnliche Erfolge wird keine neue Gründung aufzuweisen haben, ein beredter Zeuge für Gerhard's bedeutendes Wirken.

Die Klostergründungen nahmen ihren Fortgang. Bald nach dem Jahre 1400 erhob sich St. Elisabeth bei Brielle, welches im Jahre 1406 der Congregation beitrat; gleichzeitig baute der Priester Hugo Goldschmit das Kloster Mariä Heimsuchung bei Harlem und ließ es Windesheim einverleiben. Nicht viel später gründete ein Ritter aus Friesland das Heilandskloster in Thabor bei Sneek, und die Freifrau von Brakel das Peterskloster in Bommel, welches dann durch die Canoniker Bernard ut den Enge zu Utrecht und Magister Heinrich Cannemann zu Deventer ausgestattet wurde. 1407 trat auch dieses Kloster der Congregation bei. Alle genannten Klöster erhielten aus Windesheim ihre Vorsteher. Busch hebt mit Recht die überraschende Thatsache hervor, daß, noch ehe das 20. Jahr nach der Profeß-Ablegung der „sex fratres primitivi" abgelaufen sei, die Congregation bereits die heilige Zwölfzahl an Klöstern erreicht habe, und er deutet, dem damaligen Geschmacke folgend, die zwölf Klöster als die zwölf Söhne Israels.

Wenige Jahre nachher dehnte sich die Congregation in weitere Kreise aus; 1413 traten nämlich sieben alte brabantische Klöster bei. 1430 wurde das Capitel von Neuß, welches zwölf Klöster zählte, incorporirt, einige Jahre später das hildesheim'sche Kloster Wittenburg und die friesischen Lüdinkerken und Beverwijk. Dazu waren von 1417 bis 1430 nicht weniger als elf neue Klöster in Holland und am Rhein gegründet und der Congregation einverleibt worden, so daß ihr 1430 siebenunddreißig Männer- und acht Frauenklöster angehörten. Das waren also die Erfolge von Gerhard's Schülern während der ersten fünfzig Jahre nach seinem Abscheiden.

Ueber die innern Zustände in Windesheim besitzen wir die eingehendsten Schilderungen aus Busch' Feder. Und damit dürften wir überhaupt den Geist kennen, welcher in allen Congregationsklöstern herrschte, da sie ja Windesheim'sche Zöglinge zu ihren ersten Prioren und Lehrmeistern hatten.

Die sechs ersten Brüder in Windesheim, „wahre und lebendige Steine des himmlischen Jerusalem", gründeten, wie Busch sagt, den Bau ihres geistigen Lebens auf das Fundament der Apostel und Propheten, das ist auf die wahre Demuth Christi und die Wahrheit des orthodoxen Glaubens. Sie empfingen ihr Brod abgewogen, das Gemüse wurde gezählt und der Trank zugemessen. Drei Mal in der Woche gab es Fleisch, an den andern Tagen Milchspeisen oder Eier, am Freitag aber Fastenspeisen. An den vier Tagen, wo der Fleischgenuß untersagt war, fastete man auch, d. h., außer der Mittagsmahlzeit gab es nur am Abend noch eine geringe Quantität Brod mit wenigem Bier. Gebratenes Fleisch wurde nie gegessen. Diese mäßige Lebensweise blieb in Windesheim unverändert bestehen, nur daß man später beim Mittagsmahle Jedem erlaubte, so viel zu essen, als ihm behagte. Rigorose Casteiungen wollte man jedoch nicht, und es wurden nur Novizen aufgenommen, welche guten Appetit, guten Schlaf und pünktlichen Gehorsam mitbrachten. Die Kleidung war ebenfalls einfach. Der weißgraue Habit, aus grobem Tuch gefertigt, wurde oft geflickt. Busch hat noch alte, ehrwürdige Patres gesehen, deren Kleid so abgetragen war, daß man mit Leichtigkeit die einzelnen Fäden zählen konnte. Selten bekam ein Neueingetretener andere als geflickte Kleidung, und zwar deshalb, „damit alle im ersten Eifer, in der Weltverachtung und der Frömmigkeit gleichsam als von der Welt und sich selbst verachtet beständig erhalten blieben".

Mit Recht bemerkt Busch, daß eine Veränderung dieses einfachen Kleides eine Annäherung an die Welt und damit den Einzug weltlicher Gesinnung bedeute. Auch die Priester und Kleriker wurden nach Gerhard's Lehre zur Handarbeit herangezogen. In den ersten Zeiten widmeten sie sich mit allem Eifer dem Klosterbau, später dem Feldbau und der Haus= arbeit. Daneben setzten sie, wie sie es im Fraterhause des Florentius gelernt hatten, das Schreibgeschäft fort. Die Festtage wurden diesem Geschäfte ausschließlich gewidmet, außerdem wurde täglich Morgens nach der Matutin eine Stunde lang geschrieben, und sehr oft entzog man sich freiwillig einige Stunden Schlafes, um diese für das Bücherschreiben zu verwenden. Gerhard leuchtete ihnen als Muster eines arbeitsamen Lebens vor; Florentius Radewin wollte keinen Augenblick dieser so kostbaren Zeit vergeuden, — alles um Gotteswillen, weil Jesus und die Apostel ein armes, arbeitsames Leben geführt hatten.

Als später die Bauarbeiten endigten und die Haus= und Feldarbeiten für die große Anzahl Mönche nicht mehr genügten, auch manche alters= schwache und gebrechliche Mitglieder im Hause waren, dehnte sich das Schreibgeschäft immer mehr aus [193]). Indeß schrieb man nicht, wie die Fraterherren, für Geld, sondern einzig und allein für religiöse und wissen= schaftliche Zwecke. Die Windesheimer Patres stellten einen correcten Bibeltext her, verbesserten die Ausgaben der Kirchenväter, reinigten das Brevier von allen märchenhaften Legenden und schrieben diese sowie andere theologische Werke in schönster Schrift und Ausstattung. Bei jedem Kloster, welches neu errichtet wurde, und die Zahl derselben war groß, gingen aus dem Mutterkloster die nothwendigsten liturgischen Bücher und der Grundstock einer Klosterbibliothek dahin ab. Und trotzdem hatte man im Mutterkloster doch eine verhältnißmäßig große Bibliothek all= mälig zusammengeschrieben. In der Sacristei waren über 35 schöne Folianten für den Gottesdienst. In der Bibliothek sah Busch über hundert große Foliobände der Kirchenväter, welche alle auf Pergament geschrieben und prachtvoll ausgestattet waren. Auch übersetzte man Bücher für das Volk. So hatte man im Kloster zwei Bibliotheken, eine für die Gelehrten, die zweite für die Laien. Beide wurden fleißig benutzt und Windesheimer Bücher wanderten weit umher. Die Brüder in unserm Sinne, d. h. die Laienbrüder, wurden nicht zum Schreiben ver= wendet, sondern nur diejenigen Ordensmitglieder, welche wir heute als Patres bezeichnen. Busch zählt alle dreizehn Laienbrüder auf, welche

Voß eingekleidet hat, und gibt ihre Beschäftigung an, nur von einem bemerkt er: „scriptor breviturae bonus et expeditus satisque intelligens". Auch wurden dem Kloster von Weltpriestern Bücher geschenkt. So gab der Vicar Dr. Gerhard Mumme in Zwolle die Commentare des h. Thomas, der Pfarrer Johann Ellinchen die ganze heilige Schrift in drei Bänden, schön geschrieben und einen Werth von hundert Kronen repräsentirend!

Die gottesdienstlichen Verrichtungen nahmen in Windesheim viel Zeit und Kraft in Anspruch. Das Chorgebet wurde nicht recitirt, sondern, sobald die nöthigen Chorherren da waren, gesungen; dazu war wie überall im Mittelalter Nachtchor und täglich das Conventualamt. Schon die bloß äußerliche Verrichtung dieser Obliegenheiten brachte daher manche Anstrengung. Im Kloster herrschte regelmäßiges Stillschweigen und strenge Clausur.

Das Leben in Windesheim konnte für den sinnlichen Menschen wenig Anziehungskraft haben; es war ein Leben voll Abtödtung, Armuth, Entbehrung und schwerer Arbeit. Busch meldet, daß manche Mönche des Morgens vor körperlicher Ermattung kaum aufstehen konnten, und er beschreibt viele Chorherren als völlig abgemagerte Gestalten. Wenn nun aber dennoch so viele Männer in Windesheim eintraten und sich dessen schweres Leben erwählten, wenn so schnell neue Klöster derselben Art sich erhoben und alte nach seinem Muster sich umgestalteten, so können nur religiöse Motive hier gewirkt haben. Was Busch von Heinrich von Wilsen meldet: „Filii ergo dei verus factus imitator omnia reliquit, nudum Christum nudus est secutus", dürfte von allen gelten. Es war eine großartige religiöse Bewegung, welche Gerhard Groot hervorgerufen hatte [194]).

Gehen wir nun zu Gerhard's zweiter Stiftung, den Fraterherren, über. Florentius blieb nicht bloß der Vorsteher des Hauses in Deventer, sondern er wurde als Vater aller Gerhard'schen Jünger betrachtet, und nichts geschah ohne seinen Rath und seine Hülfe. Das Fraterhaus in Deventer bildete so recht eigentlich das Seminar für Windesheim'sche Chorherren. Nur Priester oder Kleriker, welche wenigstens die fünfte Klasse, also die eigentlichen Gymnasialstudien vollendet hatten und zum Ordensstand Beruf zeigten, wurden aufgenommen [195]). In den ersten siebenzehn Jahren seines Bestandes hat Windesheim nur Novizen aus dem Florentiushause erhalten [196]). Dann stellte auch das Fraterhaus in Zwolle seine Zöglinge. Aber auch diese waren Gerhard's geistige Enkel, denn sie waren sämmtlich Schüler des Johannes Cele [197]). Als Thomas von Kempen in seinen Studienjahren von Deventer aus seinen ältern Bruder in Windesheim besuchte, bat ihn dieser, sich in das Florentius=haus zu begeben [198]). Dies geschah auch. Thomas trat später als

Novize auf dem Agnetenberge ein. Von den Männern, welche in Deventer besonders sich auszeichneten, hat uns Thomas [199]) den Priester Johannes Gronde, der vor seinem Eintritte „castitatis titulo inter sacerdotes insigniter effulsit", Johannes Brinckerinck, Lubbertus Berneri, Heinrich Brune „sanctae simplicitatis virum necnon angelicae puritatis sacerdotem", Gerhard von Zutphen „illuminatus ille sacerdos", Aemilius von Buren, Jacob von Viana „strenuus ac maturus moribus", Johannes Kettel „humilis servus Christi", und seinen Stubengenossen Arnold von Schönhoven geschildert. Diese Biographien bilden ein Seitenstück zum zweiten Theile von Busch' Chronik „de viris illustribus" und gewähren uns ein Bild des heiligmäßigen Lebens in Deventer, welches sich von dem in Windesheim in nichts unterschied. Nach Florentius' Tode (1400) trat für vier Jahre Aemilius von Buren an die Spitze des Hauses.

Die Fraterherren erlangten auch neben den Chorherren ihre Verbreitung. Noch kurz vor Gerhard's Tode war, wie bereits geschildert, ein Haus derselben in Zwolle entstanden, zu Florentius' Lebzeiten erhob sich ein Fraterhaus in Amersfoort, 1403 ein gleiches in Delft und 1407 eines in Hülsbergen bei Hattem. Nicht viel jünger ist die Stiftung in Hoorn. Ein bedeutendes Haus erhob sich 1425 zu Gouda. Ein Jahr früher waren die Brüder nach Herzogenbusch berufen worden, um daselbst die Stadtschule zu übernehmen. Gleich im Anfang des vierzehnten Jahrhunderts erhielten Münster, Köln und Wesel Fraterhäuser durch Heinrich von Ahaus, gleichzeitig Herford und Hildesheim, so daß noch vor Ablauf der ersten fünfzig Jahre nach Gerhard's Tode sich um Deventer zwölf andere Häuser schaarten [200]).

Die Fraterherren widmeten sich dem Abschreiben von Büchern sowie dem Unterricht und der Erziehung der Jugend. In ersterer Beziehung leisteten sie das für ihre Zeit, was gegenwärtig unsere Druckereien und literarischen Anstalten gewähren, nur mit dem Unterschiede, daß ihre Production durchweg von religiösen Motiven ausging und geleitet wurde. Nicht bloß viele Bücher haben die Fraterherren copirt, sondern später auch wahre Musterstücke von künstlerisch ausgestatteten Handschriften geliefert. Besonders haben sie für massenhafte Verbreitung religiöser Volksliteratur gesorgt und selbständig lateinische Werke in die Landessprache übertragen. Die Priester widmeten sich auch der Predigt, und erst vor Kurzem hat Jostes durch Herausgabe der Predigten des Fraterherrn Johannes Veghe zu Münster [201]) diese große und segensreiche Wirkung von Gerhard's Söhnen um ein Bedeutendes erhellt. Wo die Brüder keine eigenen Schulen hatten, schlossen sie sich eng an die bestehenden Stadtschulen an, indem sie die reifern Schüler in ihre Mitte aufnahmen, und andere, welche zwar außerhalb des Hauses verblieben, geistig und oft auch leiblich versorgten.

So blieben sie in allem den Satzungen ihres großen Meisters Gerhard getreu, und allein bei dem Gedanken an den Segen, welcher für die Schulen von ihnen ausströmte, wird man gern in das Wort Vornkens einstimmen: „O felix dies, in qua natus est nobis ille magnus Gerardus!"

Eine besonders große Verbreitung fanden Gerhard's Schwestern=häuser, obwohl dieselbe über die Niederlande nicht hinausging. Das Meister=Geertshaus nahm dieselbe Stellung zu den übrigen neu entstehen=den ein, wie Windesheim zu seinen Töchterklöstern. Sollte irgendwo ein Haus gestiftet werden, so holte man Rath von dort; gewöhnlich über=nahm auch eine Schwester die Vorstandschaft im neuen Hause. In der ersten Hälfte des fünfzehnten Jahrhunderts bestanden bereits gegen 90 Schwestern=häuser, manche Städte besaßen deren zwei, Zütphen sogar drei, Deventer fünf und Zwolle sechs solcher Anstalten. Manche von ihnen nahmen später die Tertiarier=Regel des h. Franciscus an, andere die der Au=gustiner=Canonissen. Die Altersstufen waren wohl in den meisten Fällen geschieden; so war z. B. in Zwolle ein Haus „domus puellarum" während die andern „domus sororum" hießen. Sämmtliche Häuser be=schäftigten sich mit weiblichen Handarbeiten und Bücherschreiben; sie boten den jungen Mädchen und den ältern alleinstehenden Frauen eine gesicherte Existenz und Schutz vor sittlichen Gefahren. Heiligmäßige Priester standen meist an ihrer Spitze, welche mit vollster Hingebung und bestem Verständniß ihre Untergebenen leiteten. Die Einwohnerzahl der Schwesternhäuser war meist sehr groß. Von Diepenveen bei Deventer wissen wir, daß es 1419 an 150 Schwestern barg, welche größtentheils dem Adel angehörten [202]). So hat Gerhard auch auf die Frauenwelt einen großartigen sittlichen Einfluß ausgeübt.

Doch ein großer Wirkungskreis, welchen die Manns=Stiftungen Ger=hard's sich in fast ganz Europa eröffneten, darf nicht vergessen werden. Es ist dies die selbständige Production ascetischer Literatur. Was Windes=heimer und Fraterherren geschrieben haben, gehört zu dem Besten auf diesem Gebiete. Aus Windesheim ragen hervor die Chorherren Heinrich Mande und Gerlach Peters [203]), aus dem Kloster zum Agnetenberge Thomas von Kempen [204]), aus Harlem Friedrich van Heilo [205]), aus Neuwerk bei Halle Hermann Rheid, aus Rebdorf endlich der Prior Sil=vester [206]). Von den Fraterherren sind besonders zu nennen Arnold von Schönhoven und Gerhard Zerbold von Zütphen, gewöhnlich nach seinem Geburtsorte oder auch de Colonia genannt. Die beiden Schriften dieses Mannes haben eine frühzeitige und allgemeine Verbreitung gefunden. Ich will dafür nur Einiges anführen. Von seiner Schrift „de ascensio=nibus spiritualibus" finden sich Abschriften aus dem fünfzehnten Jahr=

hundert zu St. Gallen [207]), in Wiesbaden [208]), in Hannover aus dem
Sültenkloster bei Hildesheim [209]), in München aus den Klöstern Polling,
Benedictbeuern, Seeon und Tegernsee [210]); von der zweiten Schrift „de
reparatione trium virium animae" hat man Handschriften aus dem
fünfzehnten Jahrhundert zu München aus Andechs, Benedictbeuern,
Diessen und Tegernsee und zu Wien [211]). Gedruckt sind beide Schriften
schon frühzeitig. Die erstere erschien vor 1500 bereis in acht Ausgaben,
und wurde sogar damals schon in's Deutsche übertragen; die letztere
erschien vor 1500 in vier Ausgaben [212]). Auch nach 1500 sind beide
Schriften noch oft gedruckt. Thomas' Werke, ganz abgesehen von der
Imitatio, können sich einer ähnlichen Verbreitung rühmen. Aus diesen
kurzen Notizen wird hervorgehen, wie Gerhard's Stiftungen ihre Seg=
nungen in die weitesten Kreisen ergossen haben [213]).

Die Windesheimer Congregation hat dann, als die Stiftung neuer
Klöster aufhörte, mit besonderm Eifer sich an das Reformiren der alten
bestehenden gegeben. Johannes Busch hat im Norden Deutschlands,
Heinrich Löder in Westfalen und Friesland, Johannes Mauburnus in
Frankreich gewirkt. Auch selbst auf die Benedictiner hat Windesheim
einen bedeutenden Einfluß ausgeübt. In allen Klöstern verfuhr man
nach Gerhard's Reform=Ideen. Die treue Haltung des Armuthsgelübdes
erkannte man als die nothwendigste Bedingung für jedes klösterliche
Leben. Mit der Einführung desselben wurde daher stets begonnen. Kam
Busch zur Reform in ein Kloster, so war das erste, daß er alle Mönche
ihr Privateigenthum herausgeben ließ. Die Windesheimer haben sodann
mit gleichem Eifer die sittliche Hebung des Weltklerus betrieben; ferner
wirkten sie im Stillen — öffentliches Predigen war ihnen untersagt —
auf das Volk ein, welches ihre Klöster aufsuchte. So hat sich Heinrich
Löder den Namen eines Apostels von Westfalen erworben. Namentlich
für Verbreitung eines sittenreinen Lebens, Verehrung des allerheiligsten
Altarsacramentes und öftern Empfang der h. Communion haben die
Windesheimer Congregationsklöster viel gewirkt. Die großen Verdienste,
welche Gerhard's geistige Nachkommen für Hebung des katholischen Lebens
in Deutschland sich erworben, verdienen noch eine bessere Würdigung.

Zum Schluß noch einige Worte über Gerhard's Verhältniß zu dem
bekannten Buche von der Nachfolge Christi. Wir haben gesehen, wie
Gerhard selbst die Nachfolge Christi übte und solches gleichfalls zu thun
überall einschärfte. Die beständige Betrachtung des Lebens und Leidens
Christi empfahl er auf's eindringlichste, jedoch nicht ein bloß verstandes=
mäßiges Nachdenken, sondern ein Eindringen desselben in unser Herz und
Leben, in unsere Gesinnungen und Handlungen. Christus nachzuahmen
in Armuth, Verdemüthigung, Leiden und Heiligkeit war sein Streben.

Seine Schüler sind vollkommen in seine Fußstapfen eingetreten. Busch erwähnt des öftern von den Mönchen in Windesheim, daß sie Christum nachahmten. Beispiele hierfür zu bringen, würde zu weit führen. Aber eines müssen wir noch anführen. Von Florentius Radewin wissen wir bereits, daß er eine Anleitung schrieb, wie man alle Tage über Christi Leiden betrachten könne. Gleiches meldet Busch von Voß: „Vitam ergo et Passionem Christi Domini Dei nostri in corde suo iugiter portare et semel eam in hebdomada ex integro in animo ruminare et revolvere apud se deliberaverat." Deshalb schrieb er sich hierfür ein Büchlein, in welchem täglich „tria devotionis fercula" über dasselbe vorgelegt wurden und empfahl Allen dies Büchlein zur Benutzung. „Venit itaque apud nos in usum optimum, ut tam fratres quam conversi, clerici et laici eius usque hodie exemplum imitantes in dictis exercitiis sedulo se exerceant." Als die Congregation über Holland sich verbreitete, übersetzte Busch das Exercitienbuch in's Lateinische, um es überall zugänglich zu machen [214]).

Die tägliche Betrachtung des Lebens Christi findet sich auch gleich im Anfange der Nachfolge empfohlen. „Summum igitur studium nostrum sit in vita Jesu Christi meditari." Diese Aehnlichkeit ist doch auffallend! Ich habe ferner bereits zu verschiedenen Malen auf die frappante Aehnlichkeit zwischen Gerhard's Aussprüchen und Stellen der Imitatio hingewiesen. Es läßt sich nicht verkennen, daß zwischen ihr und Gerhard ein innerer Zusammenhang besteht. Hat nun Gerhard sich die Gedanken der Imitatio angeeignet, oder ist umgekehrt diese aus seinem Gedankenkreise hervorgegangen? Ich entscheide mich für das letztere. Gerhard ist der geistige Ahnherr unserer „Nachfolge"; Thomas von Kempen hat im ersten Eifer seines Priesterthums uns das aufgezeichnet, was er durch Florentius von Gerhard empfangen hatte. So ist auch der Titel des Büchleins verständlich. „Nachfolge Christi" heißt es, weil es den Geist Gerhard's, den Congregationsgeist Windesheim's getreu und vollständig zum Ausdruck gebracht hat.

Gerhard's Leib ist längst im Grabe zu Staub verfallen [215]), aber sein Geist lebt in der herrlichen „Nachfolge Christi" noch heute auf Erden fort. Durch diese ist er auch noch heute „lumen ecclesiae" und „splendor et lucerna devotionis", wie Busch und Thomas [216]) ihn so treffend benannt haben.

Anmerkungen.

1) Gerhard Groot in seinem Briefe an Heinrich Klingebiel, Archief voor kerkelijke geschiedenis inzonderheid van Nederland (1831) III, Beilage S. 8. — 2) Thomas von Kempen: „Nam totam hauc patriam nostram vita, verbo, moribus et doctrina illuminavit et accendit. Fuit itaque re et nomine magnus, in saeculo divitiis, honoribus, scientiis ac beneficiis locupletatus, sed maior existit in contemptu saeculi et imitatione humilis vitae Jesu Christi" Opera omnia Thomae Malleoli a Kempis ed. Henricus Somalius, Antwerpiae 1615. S. 890 Nro. 2. — 3) Somalius, 890, Nro. 1. „Venerabilis magister Gerardus, dictus Magnus, civis fuit Daventriensis civitatis, ex honestis et maioribus eiusdem loci parentibus ortus." — 4) Busch bei Leibniz, S. S. rer. Brunsv. II, 939. Nachdem erzählt ist, wie Gerhard gesagt habe, daß seit 20 Jahren kein verstorbener Rathsherr zu Deventer wegen der Beraubung des Klerus selig geworden sei, heißt es: Interrogatus idem magister Gerardus Groet de patre suo, qui etiam ibidem unus aliquando fuerat proconsul, respondit: Pater meus, videns quosdam, in honore et iudicii potestate constitutos amore odio sive pecunia a vero declinare et in sinistram partem se flectere iudiciumque pervertere, prudenter et caute inde se subtraxit consulatus dignitatem data pecunia ad id assignata sponte resignando. Haec ipsa dominus Henricus de Huxaria, qui eius fuerat confessor, saepius mihi enarravit." 5) Somalius, 891, Cap. 2. — 6) Thomas begründet das Erlangen der Pfründen in charakteristischer Weise: „Adeptus ergo hunc apicem, cum calleret ingenio ac seculari fastu tumeret, ecclesiasticis beneficiis insignitur." Somalius, 891. — 7) Acquoy, epistolae. S. 89. Die Worte sind aus Jeremias 2, 20 und 3, 6 zusammengesetzt. Der Zusammenhang zeigt, daß Gerhard sie ernst nimmt. — 8) Hirsche, Brüder des gemeinschaftlichen Lebens in Herzog's Real-Encyclopädie II², 680 — 9) „Magister Wilhelmus de Salvarvilla, cantor Parisiensis, Archidiaconus Brabantiae in ecclesia Leodiensi, doctor in theologia praecellens," schreibt von ihm: „Et vere magnus, quoniam in omnibus scientiis liberalibus, naturalibus, moralibus, civilibus, canonicis et theologicis simul in uno supposito congregatis nulli secundus erat in orbe." Somalius, 913, Cap. 17, Nro. 1. — 10) Acquoy, epistolae, S. 109. — 11) Calcar ist auch für den Verfasser der Nachfolge Christi gehalten. Vgl. Wolfsgruber, Giovanni Gersen und sein Werk, S. 50. — 12) Somalius, 891, Cap. 3 und Hirsche l. c. 680 ff. — 13) Laut Urkunde vom 20. September 1374 verschenkt er bereits einen Theil seiner Grundstücke; Hirsche l. c. 681. Daraus sehen wir auch, daß sein Vater schon gestorben war. Vielleicht hat nur dessen früher Tod Gerhard's leichtsinniges Leben möglich gemacht.

— 14) Gewiß als Restitution der ungerecht genossenen Früchte seiner Beneficien. — 15) Somalius, 894 Cap. 6. — 16) Ibid. 893, Cap. 5, Nro. 1. — 17) Johannes Cele starb 9. Mai 1417 „magistro Joanne per annos plusquam quadraginta usque in suum senium scholas ibidem regente." Chron. Wind., 606. Rechnet man von seinem Todestage 40 Jahre zurück, so gelangt man bis 1377. Sollte also, wie Hirsche l. c. 682 annimmt, Gerhard's Besuch mit ihm bei Ruysbroeck schon in die Zeit vor der Predigt= Thätigkeit fallen, so müßte Cele damals seit kurzer Zeit sein Amt angetreten haben. Thomas von Kempen, welcher Chron. Mont. Agn. S. 174 unsern Besuch ebenfalls erzählt, fügt bei: „Ab hoc tempore flamma dilectionis fraternae in utrisque vehementius exarsit. Et quidem magister Johannes magistrum Gerardum ab exordio praedicationis suae miro coluit affectu." Danach hat Cele Gerhard erst durch seine Predigt kennen gelernt und später mit ihm die Reise gemacht. Ueber Gerhard's Verhältniß zu Ruysbroeck siehe Archief voor kerkelijke geschiedenis IIX, 262 ff. — 18) Florentius war Bischof von Utrecht seit 7. November 1379. — 19) Chron. Wind. „A quo gratiose susceptus plenam littera-torie obtinuit auctoritatem, verbum dei sanamque doctrinam per universam dioecesim suam publice praedicandı, ita ut in civitatibus oppidis et villis suis nullus curatus seu alia cuiuscumque dignitatis persona ipsum a divini verbi praedicatione umquam amovere, non admittere aut aliquatenus impedire praesu-meret, si dei omnipotentis indignationem suamque acrimoniam iudiciaramque vindictam vellet evadere." Diese Worte in die directe Rede übersetzt, werden den Wort= laut des bischöflichen Decretes bilden. — 20) Chron. Wind., 4. — 21) Ibidem. — 22) Somalius, 909, Cap. XV. — 23) Chron. Montis S. Agnetis, S. 3. — 24) Soma-lius, 935, Nro. 2. — 25) De Ram, Comte rendu des séances 1860, S. 88. Vgl. Capitel 5 „Gerhard's Briefe". — 26) Beispiele siehe Busch, de reformatione monaste-riorum. Leibniz, SS. rer. Brunsv. II, 939, Cap. 39 und Archief voor kerkelijke geschie-denis VIII, 33. — 27) Leibniz, SS. rer. Brunsv. II, 939. — 28) Somalius, 896 Cap. 8. Nro. 2. „Cumque tuba salutari intonaret nec quicquam necessariae salutis audientium auribus subtraheret sed omne consilium dei secundum statum et conditiones personarum sexus et aetatis publice pronunciaret, commota sunt corda plurimorum a facie formidinis domini et a ventura ira iudicii extremi et ignis extremi ... ut districtum iudicem omnes timerent, peccata desinerent ac dignos poenitentiae fructus agerent." Vgl. auch S. 935 Cap. VI. Nro. 1. — 29) Proben davon siehe unten. — 30) Chron. Wind., 328. — 31) Ibidem S. 4. — 32) Somalius, 935, Nro. 1. — 33) Acquoy, het klooster te Windesheim III, 238, Nro. 5 und 6. — 34) Soma-lius, 975, Cap. 3, Nro. 1. „Hic veniente M. Gerardo et praedicante in diversis locis cum ipso saepe perrexit comes itineris eius, quemadmodum Lucas cum Paulo." — 35) Freiburger Kirchenlexicon II², Sp. 1301. — 36) Der Bericht ist größten= theils dem Chron. montis S. Agnetis S. 161 entnommen, bietet indeß einige Züge, welche hier sich nicht finden. — 37) Chron. montis S. Agnetis, S. 10. Beiläufig genannt sind uns von Busch und Thomas außerdem noch viele, welche ich nicht mit aufzähle. — 38) Somalius, 909, Cap. XV Nro. 1. „qui vitae merito et doctrina coelesti plenissime instructus alios praecellebat et contemptum mundi non humanae sapientiae verbis sed sanctae conversationis exem-plis suis auditoribus efficatius persuadebat" — 39) Chron. montis S. Agnetis, S. 40: „ut apprehenderent novam vitam in christo, quam magister Gerardus docuit sancte vivendo". — 40) Somalius, 901, Nro. 5. — 41) Ibid. 902, Nro. 6. — 42) Ibidem Nro. 7. — 43) Ibid. 900, Nro. 1 und 2. — 44) Ibidem 901, Nro. 4. — 45) Somalius, 901, Nro. 3. Alberdingk=Thijm hat im Freiburger Kirchenlexicon II², 1301 die Sache so dargestellt, als ob eine solche Unordnung im Hause gewesen sei, daß Gerhard, um nicht durch den Lärm gestört zu werden, sich die Ohren zu=stopfte. — 46) Somalius, 904, Nro. 4. — 47) Somalius, 896 Nro. 2. — 48) Acquoy, Gerhardi Magni epistolae, 73 ff. — Collation hießen die Ansprachen vor kleinern Kreisen, z. B. Klosterconventen, im Gegensatz zur öffentlichen Predigt. — 49) Vir dei, Gottesmann, nennt ihn des öftern Thomas von Kempen, z. B. Somalius, 897 Nro. 3, 898 Nro. 3, 903 Nro. 3, 906 Nro. 4 u. a. m. — 50) Studien en Bijdragen op't gebied der historische theologie I. 409 bis 411. Die Hand=schrift findet sich in Wien auf der k. k. Bibliothek. Cod. lat. 13708. — 51) l. c. 411 — 52) Archief I, 364 Anmerkung. — 53) Vgl. auch die Unterschrift eines Utrechter Codex: „Explicit Sermo de Focaristis venerabilis viri Gerardi Magistri dicti Groet de Daventria, quem praedicavit communi clero ecclesiae Traiectensis, anno domini M°CCC°LXXXIII° in vigilia assumtionis beatae Mariae Virginis — Qui erat magnus zelator castitatis et malleus hereticorum. Archief voor kerk. ge-schiedenis IIX, 107. — 54) Somalius, 900, Cap XI, Nr. 1. — 55) Somalius, 898 Nr. 2: „Interdum quoque pia cautione praehabita peccuniae summam ex integro non solvit sed per partes tribuit, ut frequenter ad eum pro debito tollendo acce-derent et tali occasione familiaritatis eius gratiam invenirent. Qui tanto libentius magistri doctrinam audiebant, quanto maiora pietatis beneficia in se redundare videbant." — 56) Acquoy, Gerardi magni epistolae S. 27. Chron. Wind., 611. — 57) Somalius. 913 und Chron. Wind., 24. — 58) Ueber die Secte des freien Geistes siehe Hergenröther, Handbuch der Kirchengeschichte I, 933 ff.; Alzog, Handbuch der Universal-Kirchengeschichte II, 78 ff. Viele „Freie Geister" gaben sich auch den gröbsten sinnlichen Ausschweifungen hin — 59) Moll in den Studien en Bijdragen (1870) I, 344. Wilhelm Heda, hist. episcoporum Ultrajectensium, S. 259. Offenbar ist der Name Miewes oder wie die von Moll benutzte Handschrift des Peter Horn in einer Mariginalbemerkung hat, „Meus", bei Heda richtiger als Matthäus angegeben. — 60) Studien en Bijdragen l. c. 345. Vgl. Acquoy epistolae, S. 28. — 61) Chron. Wind., 15 ff. — 62) Peter Horn: „ Penitentiam autem et carnis afflictionem et similia verbo simul et opere dissuadebat, dicens Christum fuisse bonum socium et sepius interfuisse conviviis et potasse vinum et carnis oblectamenta vitare non docuisse." Studien en Bijdragen l. c. 344. Gerhard: „et contra penitentiam dicitur quod pradicat." — 63) Acquoy epistolae, 27—35. — 64) Chron. Wind., 16 ff. — 65) „Frequentibus epistolis" sagt Busch l. c. — 66) Acquoy l. c. 40: „ut dominus alicui trans Iselam, qui ulte-rius accipiat contra praedictum Bertoldum testimonia, inquisitionem committat ne fides devicta a pseudopropheta iaceat, ne laicorum insania clerum quasi de-pressum superet, ne id, quod tentaverunt contra ecclesiasticam censuram et ecclesiae libertatem impune, recedat in totius ecclesiasticae structurae non modicam ruinam et scandalum populi universi." — 67) Chron. Wind., 18 und besond. 394 ff. Gerhard schrieb ihm einen Trostbrief (Acquoy, ep., 49 bis 52) und ebenso empfahl er ihn an den Pfarrer Stephan Buerden in Lochem, dem Geburtsorte Werners (ibid. 53 bis 57 und Chron. Wind., 394 ff.). — 68) Acquoy, ep., 48. — 69) Oefele, SS. I, 620 ff. Außer diesen drei Ketzern schritt Gerhard auch noch gegen einen Mendicanten ein, welcher Aehnliches predigte. Näheres ist jedoch nicht bekannt. Vgl. Acquoy, epistolae, 20 ff. 70) Semper sum inutilis, semper garrulus semperque avarus et peravarus librorum, ut noscitis. Tübinger Quartalschrift 1870, S. 283. — 71) ibidem 291. — 72) ibidem 283. - 73) ibidem 293. — 74) ibidem 293. — 75) ibidem 294. — 76) ibidem 294. — 77) ibidem 294. — 78) ibidem 295. — 79) ibidem 296. — 80) Studien en Bijdra-gen op't gebied der historische theologie. Amsterdam 1870, Band I, S. 347. — 81) Somalius, 905, Nro. 2. — 82) Somalius, 900, Nro. 2. — 83) Acquoy, epistolae, S. 28 Anmerkung. — 84) Somalius, 905, Nro. 1. „Quamvis enim multis

doctis esset doctior, non tamen inde voluit honorari." — 85) Somalius, 918, Nro. 8.
— 86) Ibidem Nro. 7. Vgl. Imitatio I, Nro. 3. — 87) Vgl. darüber Hirſche l. c.
692. — 88) Archief, Band I, 364 bis 379, Band II, 307 bis 395 und Band IIX,
3 bis 107. — 89) Vgl. Woker, Geſchichte der norddeutſchen Franciscaner-Miſſionen, S.
535. Die Pfarrer bedachten ihre Mägde und unehelichen Kinder ganz offen in ihren
Teſtamenten. Vgl. Archief V, S. 302 ff. und Nieuw Archief voor kerkerlijke geschiedenis, II. deel (1854), S. 252 ff., wo ſolche Teſtamente abgedruckt ſind. Daß auch
in den frieſiſchen Klöſtern gleiche Zuſtände herrſchten, beweiſt Buſch bei Leibniz, SS.
rer. Brunsv. II, 480, Cap. IV. — Allgemeine Uebelſtände hat Gerhard's Auftreten
wohl nicht im Auge. — 90) Cod. lat. mon. 7491 saec. XV. fol. (aus dem Auguſtiner-Chor-
herrenſtift Indersdorf) fol. 209 bis 247: „Gerhardus Groet, decretorum doctor de focaristis
et notoriis fornicariis." — Cod. lat. mon. 5924 saec. XV. fol. 150: „Excerpta ex
Gerhardi Magni de Rheno libelli contra notorios fornicatores." Cod. l. m. 15,562 (aus
dem Benedictinerkloſter Rot am Inn) saec. XV. f. 95 bis 97: „Conclusiones extractae de
libello contra notorios fornicatores clericos compilato per Gerhardum Magnum
de Reno." Am Schluſſe des Codex: „Per manus quorundam 1434." - - 91) Cod.
lat. wien. 4768 (Theol. 656) fol. 174a bis 223a Sermo de focaristis G. G. Cod.
l. 4547 (Theol. 816) fol. 13a bis 48b Thema de focaristis ad clerum Traiecten-
sem. — Cod. l. 1530 (Theol. 310) „Gerhardus Groet, Propositiones 24 presertim
contra clericos concubinarios." Cod. l. 4923 (Theol. 547) fol. 164a bis 166b
„Gerhardi Groet Ex dictis contra focaristas loci selecti." — 92) Panzer, Annales
Typogr. VI, 440, Nro. 859. „Sermo synodalis clarissimi viri Gerardi Groten per
omnia diligenti lectori perfructuosus et salutaris, non sine summa ratione purga-
torium Sacerdotum appellatus. In fine: Explicit sermo Reverendi Magistri dicti
Groet de Focaristis. 4° v. a. etc." Panzer hat das Buch ſelbſt nicht geſehen, ſondern
die Notiz aus Hartzheim Bib. Col. p. 101 entnommen. Seine Bemerkung „videtur
Gerardo de Zutphen adscribendus sine dubio Coloniae impressus" iſt in ihrem
erſten Theile falſch. Eine Beſchreibung des Druckes und ſein Verhältniß zu den Handſchriften
findet ſich Archief VIII, 296 ff. — 93) Archief IIX, 108 bis 117. — 94) Studien en
Bijdragen II (1872), S. 432 bis 469. — 95) Ein Seitenſtück dieſer Predigt iſt ſein Brief an
den Abt von Klarenkamp. Vgl. unten. — 96) Nieuw archief voor kerkelijke geschiedenis, inzonderheid van Nederland II (Leyden 1854), S. 294 bis 307. — 97) Archief
IIX, 159 bis 249. — 98) Archief III, Beilage Nro. 3, S. 13 bis 27. — 99) Die-
ſelbe Angelegenheit betreffs eines andern Falles behandelt Gerhard auch in einem Briefe.
Acquoy, epistolae, S. 103 bis 147. — 100) Archief IIX, 119 bis 152. — 101) Mit
dieſem Gutachten ſteht innerlich der bei Acquoy, epistolae S. 91 ff. gedruckte Brief
„ad dominum Henricum de Scoenhove de Gouda" in Zuſammenhang. Ein gewiſſer
Pfarrer, welcher ſeine Pfründe verpachtet und ſich dadurch bereichert hatte, wünſcht zu
reſtituiren. Heinrich von Gouda war biſchöflicher Commiſſar und fragt bei Gerhard an,
was vom Pfarrer Johannes zu verlangen ſei. Gerhard antwortet ihm in angeführtem
Briefe. Welchen Geiſt derſelbe athmet, mögen uns der Anfang: „Alpha et omega, a
quo omnia veniunt, ad quem omnia tum naturaliter quam per gratiam reducun-
tur, dirigat, quae inchoavit, compleat, quae direxit, in Christo Jesu domino nostro" und der Schluß: „Deus, qui est super omnia in omnibus et qui solus omnibus sufficit et in quo omnia habentur, sit cum omnibus nobis per omnia saecula
saeculorum. Amen" zeigen. Heinrich war ein tüchtiger Prediger, wurde ſpäter Beichtvater der Nonnen in Zwolle, † daſelbſt 1410 und wurde in Windesheim begraben. Chron.
Montis S. Agnetis pag. 168. — 102) Somalius, 915 bis 925 und Archief IIX, 371
bis 383. — 103) Somalius, 914. Archief I, 359. — 104) Archief I, 361 bis 363. —
105) Geert Groote's dietsche vertalingen, in Letterkundige verhandelingen der

koninkl. akademie. deel XIII 1830. Vgl. Pic's Monatsschrift 1876, S. 573 und Hirsche l. c. 695. — 106) Ruysbroec's Werke sind 1856 durch David in der Originalsprache herausgegeben. Gent bei Annoot Braeckmann, 6 Bände. Vgl. Hirsche l. c. 682. — 107) Somalius, 905, Nro. 3. Aehnlich Rudolf Dier (Dumbar, Analecta I, 29) De fine istius magistri Rudolphi scribit magister Gerardus et habetur scriptum in libro epistolarum suarum." — 108) . Chron. montis S. Agnetis p. 175 „cuius dicta intimo complexus amore totum corpus epistolarum eius sibi congregavit affectu legendi." — 109) Somalius, 906, Nro. 4. — 110) Acquoy, Gerhardi magni epistolae XIV. Amsterdam 1857, S. 5 ff. — 111) Archief voor kerkelijke geschiedenis. Leiden 1829 (Band 1), S. 280 ff. u. 1837 (Band 8), S. 249 ff. — 112) Beschrieben im Historischen Jahrbuch der Görresgesellschaft III, 50 ff. — 113) Cod. l. m. 23871 (15. Jahrh.) f. 93b: „Gerhardi Groess epistola pro ammonitione noviter conversi." — Cod. l. m. 18526b (15. Jahrh.) fol. 156: „Gerhardi Groes epistola pro admonitione noviter conversi." — 114) Cod. l. w. 4547 (Theol. 816) fol. 123a bis 126b: „Gerhardi Groet, Epistola ad quendam presbiterum provincie maguntine" Incipit „Solus ille qui tibi", explicit „Noscere et repellere". Cod. lat. w. 4850 (Theol. 839) fol. 30b bis 32b derselbe Brief. Cod. l. w. 4923 (Theol. 547) fol. 192a bis 196a. G. G. Epistola de schismate. Incipit: „De schismate nullum vidi." Expl. „In sponsa tua dilectissima inconsutuli." Der Brief ist noch ungedruckt. — 115) Archief etc. IIX, 264 bis 265 und III, Beilage S. 1 b·s 12. — 116) Tübinger theologische Quartalschrift, Jahrg. 1870. Band 52, S. 280 bis 305. — 117) Compte rendu des séances de la commission royale d'histoire, troisième serie, tome deuxième (Sitzung vom 2. April 1860), S. 66 bis 110. — 118) Studien en Bijdragen (1876), III, 434 bis 437. — 119) Der erste mitgetheilte Brief führt im Cod. Arg. B. die Ueberschrift: „Incipit epistola Gerhardi Magni vulgariter Gross de Daventria ad quendam novitium suum discipulum, ut monasterium ingrediatur. — 120) Anklang an Psalm 44, 11 u. 12. — 121) De Ram l. c. 91 ff. Der Schluß ist corrupt und sinnlos entstellt. — 122) Römer 13, 2. — 123) Joh. 19, 11. — 124) Diese feste Ueberzeugung, daß der Mönch durch Gehorsam gestützt sei, wie der junge Baum durch eine Stange, lebte in der Windesheimer Congregation fort; vgl. diesbezügliche Beispiele bei Busch, de reform. monast. Leibniz SS. rerum Brunsvicensium II 930, Cap. 25. Busch schließt: „Ecce quantum vera et humilis promeretur obedientia, quae filios dei facit hic et in aeternum," Cap. 26, 27, 28, 29 und 30. Letzteres schließt Busch: „Nemo ergo suis confidat viribus, deo et suis praelatis acquiescat, et non poterit male mori et iam quantumcumque graviter tentatus." Vgl. dazu Imitatio I, 9. — 125) Vgl. Imitatio I, 12. — 126) Vgl. Imitatio I, 14. u. I, 16. — 127) Imitatio III, 47 und 50. — 128) Vgl. das bemüthige, diesen Worten entsprechende Verhalten des Schülers von Gerhard Groot, Johannes Voß, Chron. Wind., S. 103. — 129) De Ram l. c. 78—83. — 130) Römer 5, 3 ff. — 131) Psalm 45, 2 u. 3. — 132) De Ram l. c. 83 bis 91. — 133) „Insuper valde est secundum cor meum, quod estis professus." ib. S. 93. — 134) „Habetis ergo pro regula, ut nunquam moneatis aliquem proprietarium, ut derelinquat propria, nisi prius praecogitaveritis in cubiculo vestro modum et formam verborum, quibus velitis eum informare et nisi praemissa oratione, quia nemo nisi solus deus convertit corda hominum. Frustra ad aurem sonus venit nisi deus in corde loquatur." Dieser Gedanke Gerhard's kommt in der Imitatio an verschiedenen Stellen vor, z. B. I, 14 u. 16; III, 1, 2, 19 u. 30. — 135) De Ram l. c. 91 ff. — 136) De Ram l. c. 72 ff. u. Clarisse, Archief III, Beilage S. 1 bis 4. — 137) Chron. Wind., 608. „Magister Johannes ordinem fratrum minorum intrare deliberavit, quum aliquando visum fuit, quod id etiam promisisset.

Quem magister Gerhardus magnus . . . retraxit a proposito, presertim cum nullum monasterium fratrum minorum in hac nostra regione fuerat reformatum, unde et consolatorias saepius ei mittens epistolas scripsit inter alia" (folgt obiger Brief). — 138) Busch's Text l. c. 609 hat den Zusatz: cogitatio promissionum vestrarum de intrando ordinem minorum . . susurrium est diaboli. — Ebenso Clarisse, Archief VIII, 290. — 139) De Ram l. c. 77 ff. — 140) Vgl. chron. Wind., 384. Den Anlaß zu diesem Briefe gab der Umstand, daß Heinrich's Bruder, Johannes Klingebiel, sich in Gerhard's Schülerkreise befand, welcher den Meister zum Schreiben veranlaßte. — 141) Archief III (1831), Beilage Nro. 2, S. 5 und IIX, 278 u. Chron. Wind., 385. — 142) Daß diese Vorschrift auch befolgt wurde, zeigt Henrici Barnten, chron. Marienrodense b. Leibniz, SS. rerum Brunsv. II, 463. Das Ereigniß fällt in's Jahr 1451. — 143) Imitatio I, 25: „Attende Carthusienses, Cistercienses et diversae religionis monachos ac moniales." — Gerhard: „Videant, qualiter Carthusiensium et aliarum religionum et Cisterciensium et Praemonstratensium et regularium canonicorum monasteria proprietarios non habentia vivunt." De Ram l. c. S. 100. — Die angezogene Stelle aus der Imitatio kann als inneres Zeugniß für ihre Abfassung durch einen Benedictiner fernerhin wohl nicht mehr gelten. — 144) Denselben Gedanken Imitatio I, 18: „de exemplis·sanctorum patrum." — 145) Die für den damaligen Zustand der Klöster so wichtige Stelle lautet im Originale: „illa corruptela, qua omnes de saeculo vel corpore difformes vel inhabiles, vel in animae viribus destitutos vel destitutas non tanquam deo sacrificium beneplacitum offerentes sed se onere proprio sublevantes monasteria non honorant sed onerant, quasi ille vel illa qui vel quae matrimonio aptus vel apta non sit vel patrimonio indignus vel indigna, in monasterio retrudenda." — 146) Dieselben Uebelstände herrschten in den Frauenklöstern Sachsens. Vgl. Busch bei Leibniz II, 890. — 147) De Ram S. 95 bis 103. — 148) Somalius, 906, Nro. 8: „in scribendo scriba velox." — 149) Chron. Wind., 5 ff. — 150) Hirsche l. c. 702. — 151) Somalius, 910, Nro. 2. Nullum etiam permisit publice mendicare, nisi evidens necessitas coegisset, nec curiose per domos sub obtentu alimoniae circuire, sed potius domi manere et operi manuali, ut Paulus docuit, insistere suasit." Somalius, 943, Nr. 1: „cuius (sc.·Gerhardi) sententia fuit, ut nemo ad congregationem suscipi deberet, nisi secundum beati Pauli dictum manibus laborare vellet." Vgl. Imitatio I, 17, Nro. 3. — 152) Somalius, 930—970. — 153) Somalius, 939, Nro. 1. — 154) Somalius, 938, Nro. 3. Vgl. ibid. 937. Vgl. Imitatio I, 17, Nro. 1: „Oportet te stultum fieri propter Christum, si vis religiosam ducere vitam." Die Sailer'sche Uebersetzung hat hierfür: „Willst du ein gottseliges Leben führen, so mußt du es um Gottes willen leiden können, daß man dich als einen Wahnsinnigen ausschreit." — 155) Vgl. Imitatio I, 1, Nro. 2 u. 3. — 156) Somalius, 944 ff., Cap. XV. u. XVI. — 157) Ibid. 972 Nro. 2 und 956 Nro. 2. — 158) Somalius, 940, Nro. 2 u. 3. — 159) Somalius, 951, Cap. XXI, Nro. 2. — 160) Thomas preist als Tugenden im Fraterhause: „humilitas, obedientia, charitas u. antiquorum patrum memoria." (Somalius, 951, Cap. XXI.) Cap. 18 des I. Buches der Imitatio weist auf die antiqui patres hin und sagt: „In vera humilitate stabant, in simplici obedientia vivebant, in caritate et patientia ambulabant." Ed. Hirsche S. 44. Wolfsgruber, Giovanni Gersen, S. 201 verwerthet allerdings das 18. Capitel zu seinem Nachweise, daß der Verfasser der Imitatio ein Benedictiner gewesen sei. Hat aber Gersen wirklich um 1230 die Nachfolge geschrieben, wie konnte er dann mit Rücksicht auf die strenge Zucht „sub regula magistri" die Klage anfügen. „O, teporis et negligentiae status nostri, quod tam cito declinamus a pristino fervore?" Denn St. Benedict starb 543. Das „tam cito" ist aber erklärlich, wenn Thomas von Kempen Verfasser der Nachfolge ist. Denn die Zeit, wo man in Deventer „sub regula magistri" (sc. Florentii) stand, währte bis 1400. Thomas selbst schrieb nach 1410. Wenn die Nachfolge III, 58 vom Kreuztragen als eigent= liche Arbeit des Mönches spricht, so deutet dies nicht, wie Wolfsgruber l. c. 199 meint, auf einen Benedictinermönch, sondern ebenfalls wieder auf Thomas hin. Vgl. Gerhard's oben mit= getheilte Briefe an seinen Schüler, welche gerade dieses als Aufgabe eines Mönches hinstellten. Derselbe Gedanke kehrt in Thomas' Schriften des öftern wieder. Vgl. seine Sermones ad novitios (Somalius, 83 ff.) und seine Carmina (892 ff.). Ferner sagt er, um noch eins zu erwähnen (Somalius, 952), von einer Kreuzeserscheinung: „Et crux ultra procedebat, usque dum staret supra domum domini Florentii, in qua habitabant sanctae crucis servi et veri contemptores mundi." Auffallend ist, daß Prior Wilhelm Vornken auf Gerhard die Worte 2. Korinth. XI, 27 bezieht: „Circumeundo et praedicando ubique in fame et siti, in frigore et nuditate." (Acquoy, III, 239), und die Nachfolge I, 18 ebenfalls sagt: „Sancti et amici Christi Domino ser- vierunt in fame et siti, in frigore et nuditate in labore et fatigatione, in vigiliis et jejuniis" (ed. Hirsche, S. 42). Die Reihenfolge bei Paulus ist: „In labore, in aerumna, in vigiliis multis, in fame et siti, in jejuniis multis, in frigore et nuditate." Wie kommt die auffallende Gleichheit bei Vornken und Thomas? Thomas war unter Vornken Mönch auf dem Agnetenberge und hat unter ihm die Priesterweihe empfangen. (Vgl. Grube, Johannes Busch, S. 42.) — 161) Somalius, 954, Cap. XXIII, Nro. 1. — 162) Somalius, 951, Cap. XX. — 163) Ibid. 955, Cap. XXIV, Nro. 1. — 164) Aufgefunden und edirt von Dr. Rolte: „tractatus devotus de extirpatione vitiorum et passionum et acquisi- tione verarum virtutum et maxime caritatis dei et proximi et verae unionis cum deo et proximo" 8°. S. 54. Freiburg bei Herder 1872 Ueber Florentius verlorene Schriften, siehe Hirsche l. c. 703 ff. — 165) Chron. montis Stae. Agnetis S. 12. — 166) „juxta illud: Ama nesciri." Chr. m. St. Agn. 13. Der Spruch war ein äußerst gewöhnlicher unter Gerhard's Schülern. Wahrscheinlich stammt er von Gerhard. In Voß' Schrift kommt er in der Fassung vor: „Ama nesciri et ab aliis contemni exopta." Chron. Wind., 242. Der spätere Subprior in Windesheim, Arnold Marwyk aus Calcar, pflegte häufig seine Novizen zu besuchen und ihnen einen kurzen Spruch zu sagen. Zu diesen gehörte auch: „Ama nesciri, disce mori." Chron. Wind., 356. Vgl. Imitatio I, 2, Nro. 3: „Ama nesciri et pro nihilo reputari." — 167) Hirsche, l. c. 683. — 168) Chron. Wind., 8. — 169) Ibid. 9. — 170) Hergenröther, Handbuch zur allgem. Kirchengeschichte, II, 156 ff. — 171) Chron. Wind. 10 ff. — 172) Acquoy, epistolae S. 23, Anmerkung. — 173) Chron. mont. Stae Agnetis, S. 150. — 174) Somalius, 914. Hirsche l. c. 688 sieht den Hauptgrund der feindseligen Stellung der Mendicanten zu Gerhard und seinen Stiftungen in dessen Abscheu gegen das Betteln. Hierin irrt er offenbar. — 175) Chron. Wind., 547 ff. Cod. lat. Wien. Nro. 4257 (Theol. 294) enthält fol. 219a bis 261b: „Tractatus de modo vivendi in communi, sub forma quaestionum, qui tractatus est apologia Beguinarum." Dann folgt: „Grabon Matthaeus, conclusiones contra apologiam Beginarum." — 176) Leibniz II, 923 cap. XV. — 177) Somalius, 898, Nro. 3. — 178) Hirsche l. c. 685. — 179) Somalius, 897, Cap. IX. — 180) Acquoy, epistolae, S. 60 ff. Somalius, 926. — 181) Acquoy, ep., S. 60 und Hirsche l. c. 686. — 182) Reumont, Geschichte der Stadt Rom, II, S. 1057 ff. — 183) Chron. montis Stae. Agnetis, S. 3 ff. — 184) Somalius, 898, Nro. 1. — 185) Chron. montis S. 161 ff. — 186) Chron. Wind., 19 ff. — 187) Somalius, 910, Nro. 3. — 188) Archief X deel, S. 188. Vgl. Nieuw archief, II deel, S. 297. — 189) Chron. montis. S. 152. — 190) So Brinckerinck (vgl. Hirsche l. c. 689) und Johannes Beghe. (Vgl. dessen Predigten ed. Jostes, S. 387.) Die Vision Mandes siehe Chron. Wind., 460 ff. — 191) Der Darſtellung iſt zu Grunde gelegt Chron. Wind., 25 ff. — 192) Vgl. Chron. Wind. 426 und Tübinger Quartalſchrift 1870, S. 298 ff., wo Briefe Gerhard's an den Propſt Simon in Emſtein ſtehen. — 193) Vgl. Grube, die literariſche Thätigkeit Windesheim's, Katholit 1881, Heft 1. — 194) Chron. Wind., 313. Ueber einzelne Geſtalten Windes= heim's findet ſich einiges in meinem Johannes Buſch, S. 21 ff. und 42 ff. — 195) Archief II, 291. — 196) Chron. Wind , 33. — 197) Ibid. 108. Unter dieſen befand ſich auch Buſch. — 198) Somalius, 972, Nro. 2. — 199) Somalius, 973 bis 1023. — 200) Vgl. Hirſche l. c. S. 747 ff. — 201) Halle, bei Max Niemeier 1883. 202) Somalius, 977, Nro. 4. — 203) Ueber beide ſiehe Grube, die literariſche Thätigkeit Windesheim's, l. c. und Hirſche l. c. 720 ff. — 204) Hirſche, kritiſch=exegetiſche Einleitung in die Werke des Thomas von Kempen. Berlin 1883 (II. B. der Prolegomena). — 205) Pool, Frederic van Heilo, Amsterdam 1866. — 206) Sein Tractat de passione domini war beſonders in baieriſchen Klöſtern verbreitet, ſiehe Cod. lat. mon. 5205, 7046, 7656, 7491, 7009, 7646, 3125, 3564, 4692, 1329, 5674, 5949, 7706, 17627 u. a. — 207) Cod. lat. Sang. 972 c. — 208) Linde, die Handſchriften der königlichen Landesbibliothek zu Wiesbaden, S. 106, Nro. 7 und S. 121 Nro. 49. — 209) Die Handſchrift iſt 1447 durch den Subprior B. Eyke geſchrieben und wie die Rand= noten anzeigen, von ihm, der auch Novizenmeiſter war, als Meditationsbuch gebraucht. — 210) Cod. lat. mon. 11924, 4727, 17780, 18424 und 18420. — 211) Cod. lat. mon. 3037, 4783, 5606, 18590 (fol. 97 die intereſſante Unterſchrift „scriptum Basileae anno 1487 per fratrem N. Mellicensem") 18609, 18634 und 18991. Cod. lat. W. 5086 (Theol. 291). — 212) Hein, repertorium Nr. 16291 bis 16298 und Panzer, Annales. — 213) Die nicht ſpeciell ascetiſche literariſche Production derſelben ſiehe Acquoy II, 178 ff. — 214) Chron. Wind., 300. Das Büchlein ſelbſt ibid. Seite 217 bis 245. — 215) Nur wenige Gebeine von ihm ſind noch zu Deventer, welche zugleich mit dem ſeines Lieblingsſchülers Florentius vereinigt ſind. Acquoy, het klooster Windesh. I, 57 c. — 216) Chron. Wind., 396 und Chron. montis, 6.

————

Druckfehler.

S. 16, Zeile 2 von oben lies Borsſen ſtatt Borcken.

Lightning Source UK Ltd.
Milton Keynes UK
UKHW012332061118
331891UK00010B/912/P